AF201348

Johann J. Khevenhüller-Metsch

Zur Geschichte des Theaters am Wiener Hofe

Johann J. Khevenhüller-Metsch

Zur Geschichte des Theaters am Wiener Hofe

ISBN/EAN: 9783743671034

Hergestellt in Europa, USA, Kanada, Australien, Japan

Cover: Foto ©ninafisch / pixelio.de

Weitere Bücher finden Sie auf **www.hansebooks.com**

Zur Geschichte

des

Theaters am Wiener Hofe.

Aus den Tagebüchern

des

Fürsten Josef Khevenhüller-Metsch.

Mitgetheilt von Ludwig Böck.

WIEN 1896.

Verlag von Moritz Perles

Stadt, Seilergasse 4 (Graben).

Druck von Johann N. Vernay.

Zur Geschichte des Theaters am Wiener Hofe.

(Aus den Tagebüchern des Fürsten Josef Khevenhüller-Metsch.)

Mitgetheilt von Ludwig Böck.

Adam Wolf erzählt in der Vorrede zur 1. Auflage seines 1858 bei Gerold in Wien erschienenen Werkes „Aus dem Hofleben Maria Theresias", dass sich in der Manuscripten-Abtheilung des königl. ungarischen Nationalmuseums zu Budapest das Tagebuch des Fürsten Josef Khevenhüller vorgefunden habe. Er erkannte sofort das Interesse, welches ein zeitgenössischer Detailbericht über das gesellschaftliche Leben der damaligen Hofkreise haben musste, das bis dahin von den seltsamsten Mythen umgeben war, und entrollte nun, die zerstreuten Aeusserungen Khevenhüller's nach Gesichtspunkten ordnend, von dem Hofleben Maria Theresias ein recht lebendiges Bild, für dessen Wahrheit seine Quelle unzweifelhafte Bürgschaft bietet. Hat er das anerkennenswerthe Verdienst, eine bis dahin unerschlossene Quelle aufgedeckt und der Benützung zugeführt zu haben, sowie jenes einer übersichtlichen und alle interessanten Momente mit virtuoser Sicherheit zusammenfassenden Darstellung, die allerdings in ihrem Ausdrucke zumeist an die Sprache des Originals sich anlehnt und sie nur hie und da mit modernen Lichtern ausstattet, so kann ihm dagegen der Vorwurf nicht erspart bleiben, dass er, wo immer eine Seite des Themas durch ihr specifisches Interesse erschöpfende Behandlung gefordert hätte, durch einige pikante Bissen zwar den Appetit erregt, aber eine vollständige Befriedigung nicht geboten hat. Hauptsächlich aber reizten die citirten Proben der im Manuscripte enthaltenen Beiträge zur Wiener Theatergeschichte zu einer Untersuchung, ob hier nicht noch mehr Material verborgen liege, das Wolf, als für sein Gesammtbild nebensächlich, unbehoben liess.

Eine Durchsicht der von der Direction des königl. ungarischen Nationalmuseums mit dankenswerther Bereitwilligkeit zur Verfügung gestellten 5 Bände des Tagebuches ergab thatsächlich eine

solche Menge von werthvollen Zusätzen, dass es wohl berechtigt
erscheint, das gesammte darauf bezügliche Material zu veröffentlichen.
Dass hiebei die von Wolf schon gebrachten Stellen noch einmal
publicirt werden, ist dadurch zu erklären, dass sie bei ihm stark ver-
ändert erscheinen und ihr individueller Ausdruck vollständig ver-
wischt ist.

Das vorliegende Tagebuch umfasst nur die Jahre 1752—1755,
1758, 1759 und 1764—1767. Vielleicht tauchen die dazwischen liegenden
Jahrgänge noch einmal auf und füllen damit die beklagenswerthe Lücke
im Zusammenhange aus. Da das Familienarchiv, dem sie ursprünglich
angehörten, zerstückt worden zu sein scheint, so ist es nicht unmög-
lich, dass einzelne Theile desselben in Privatbesitz gelangt sind.

Der Autor der Handschrift, Fürst Josef Khevenhüller-Metsch,
hat nicht für die Oeffentlichkeit geschrieben, und seine Darstellung
gewinnt daher an Unmittelbarkeit und Wahrheitstreue. Aus seiner
Sprache sowohl, die das Deutsche nur zur Brücke benützt, um von
einer französischen oder italienischen Pointe zur anderen sich hinüber-
zuhelfen, als auch aus dem deutlich zum Ausdrucke kommenden Ge-
sichtskreis des Autors geht die ganze Figur des alten Hofmannes
hervor, der als Typus seiner hocharistokratischen Umgebung gelten
kann. Die 33 Jahre im Hofdienste haben seine nicht unliebenswürdige
Individualität ganz in den Mantel der Etikette gehüllt, und was er
spricht und thut, was ihm gefällt und was er ablehnt, was er lobt
und was er tadelt, sprechen und thun, beurtheilen und geniessen alle
um ihn genau wie er. Seine Aeusserungen sind im Grunde nur der
Ausdruck des Hofgeschmackes und insbesondere jenes der Kaiserin.

Für die Geschichte des Wiener Theaters, soweit es die französische oder italienische Bühne betrifft, denn das deutsche blieb damals
ziemlich vernachlässigt, bietet Khevenhüller's Tagebuch ganz bedeu-
tende Beiträge, die umso schätzenswerther sind, als die Quellen für
jene Epoche sehr spärlich fliessen. Zunächst ist daraus ein recht
umfangreiches Repertoire herzustellen, das in dieser Vollständigkeit
nicht bekannt war. Da seine Zusammenstellung auf die Wahl der Stücke
für das deutsche Theater von grossem Einflusse war, so sind diese
Stellen auch für das Letztere von Interesse. Von ganz besonderem
Werthe ist die Quelle für die Geschichte der Aristokraten-Vorstellungen
bei Hofe, wobei auch die kaiserlichen Prinzen und Prinzesinnen mitgewirkt
hatten. Bisher haben wir hierüber nur flüchtige Mittheilungen; aus
Khevenhüller's Tagebuch hingegen entwickelt sich ein recht anschau-
liches und lebhaftes Bild dramatischer Darstellungen am kaiserlichen
Hofe. Auch über die Eintheilung des Theaterjahres und die festgehal-

tenen Normatage gibt uns Khevenhüller bemerkenswerthen Aufschluss. Die Saison beginnt mit Ostersonntag und endet mit dem Faschingdienstag. Die ganze Fastenzeit hindurch, ferner an jedem Freitag und Samstag, sowie an den Quatembertagen fällt das „Spectakel" weg. Für den Sejour in Laxenburg wird das ganze Theaterpersonale mitgenommen, nicht aber nach Schönbrunn, wo es für die „Comödianten" an geeignetem Platze mangelte.

Was die Theilnahme des Hofes an den Vorstellungen betrifft, so ist die ganz ausserordentliche Vorliebe Kaiser Franz I. namentlich für das französischeTheater deutlich gekennzeichnet. Maria Theresia hatte weniger Interesse daran und erschien seltener als ihr Gemal bei den Aufführungen, aber sie bot gerne die Mittel, ihrem Hofstaate ein, wie es scheint, sehr angenehmes Vergnügen zu bereiten.

Auch sonst bieten die mitgetheilten Stellen in biographischer und culturgeschichtlicher Hinsicht viele interessante Einzelnheiten.

1752.

9. Jänner. [Es wurde zum ersten Male seit längerer Zeit wieder Maskenball gehalten, damit die anwesenden Fremden, „sonderlich aber der Kayser, einige Unterhaltung haben."] Zu gleicher Zeit wurde mit der loprestischen Impresa[1]) tractirt, als welche die privativam aller Bals und Spectacls noch auf 5 oder 6 Jahre zu geniessen hatte, und selber gegen Erlegung einer über 100.000 fl. sich belaufenden Summe Geldes, und dass bis zu Ende gegenwärtigen Faschings ihnen alle Emolumenta in beyden Theatern verbleiben sollen, das habende Privilegium und nahmentlich die Direction und Recette der Balen zurückgenommen; anbey hiesse es, die Statt würde dieses Comedie- und Ballwesen hinführo selbsten administriren; in der That aber hatte der Hof fürnemlich die Hand darinnen und wurde Alles durch das Directorium geführt, welches der Kayserin von allen minutissime referiren, und täglich die Listen von denen zur Redoute kommenden Mascheren überreichen musste . . .

17. Jänner. Kamen Ihre Majestäten nebst den älteren jungen Herrschafften und der Princesse nach 6 Uhr Abends ganz incognito zu den Grafen Tarocca immer in seinem Quartier von beygeschriebener Compagnie de Dames et Cavaliers heute zum ersten Mahle producirten französischen Comedie: „Le préjugé à la mode"[2]) benannt, zuzusehen.

---

[1]) Wlassack: Chronik des Burgtheaters, 4 ff.

[2]) Lustspiel in 5 Acten von Nivelle de la Chaussée. Wurde später mit grossem Beifalle auch auf dem Burgtheater und in deutscher Bearbeitung (von Gebler) unter dem Titel: „Darf man seine Frau lieben?" zum ersten Male am 18. Jänner 1772 aufgeführt.

[Es stellten dar:] d'Urval: der genuesische Gesante: Conte Durazzo[3]); Constance: Gräfin Franz Wenzl Clarie; Sophie: ihre Schwester Gräfin Ulrich Kinskie; Florine: die Comtesse Durazzo; Damon: der Graf Sulkoffski, würcklicher k. k. Cammerherr; Argant: Graf Proskau, würcklicher Cammerherr; Henry: Graf Antoni Schaffgotsch, k. und ertzh. Cammerherr; Damis: Graf Leopold Künigl, und der andere Marquis: der Graf Nickerl Esterhazy, General, und beide würckliche Cammerherrn. Zum Beschluss tanzten des jetzt gedachten Grafen Esterhazy Sohn und Döchterl ein pas de deux.

23. Jänner. Abends giengen J. J. M. M. abermahlen zu den Tarocca, die zweyte Repraesentation der hiezuvor gemelten Comedie zu sehen, nach welcher Sie auch mit denen Acteurs und Actrices alldorten soupirten und sodann zur Redoute kammen.

4. Februar. Wohnte ich einer kleinen französischen pièce en 3 actes, ‚l'antiquaire‘[4]) genannt, im Theresiano bey, welche ungemein wohl reussiret, und von dem französischen Bottschafter selbsten, der mit einer zahlreichen Compagnie von Dames und Cavalliers zugegen gewesen, gelobet worden, insonderheit hat sich ein junger Baron Reuschenberg, welcher die Haubtrole des Antiquaire gespillet, sowohl des Accents als der Action halber distinguirt.

5. Februar. Wurde Abends in dem spahnischen Saal von einer Compagnie de Dames et Cavaliers, an deren Haubt die Ertzherzogin Maria Anna ware, eine französische Comedie von drey Acten: ‚Le prix de silence‘[5]) benamset, und mit Ballet nach jeden Act producirt, worbey meine verheyrathete Dochter auch mit agirt hat ... La Marquise war die

---

[3]) Jakob Graf Durazzo trat kurz darauf in kaiserliche Dienste und wurde mit Decret vom 15. Februar 1752 dem mit der Hauptdirection der beiden Theater betrauten Grafen Franz Eszterhazy als „Cavalier pro assistente“ beigegeben. Von Juni 1754 an bis 1764 war er alleiniger Leiter der Hoftheater. Er begünstigte namentlich das französische Theater und zog bei der Auswahl der Stücke und bei den Engagements von passenden Kräften Favart zu Rathe, den berühmten Schöpfer der französischen komischen Oper. Favart berichtete ihm über alle neuen Erscheinungen auf Pariser Bühnen, richtete Stücke für den Gebrauch des Wiener Theaters ein, schloss Engagements ab und theilte nebstbei auch die Chronique scandaleuse der Seinestadt getreulich mit. Ihr Briefwechsel, der zur Kenntniss sowohl Durazzo's, wie auch der Wiener Theaterverhältnisse als eine sehr interessante und wichtige Quelle erscheint, ist in dem dreibändigen Werke „Mémoires et Correspondance littéraires, dramatiques et anecdotiques de C. S. Favart, publiés par A. P. C. Favart, son petit-fils. Paris 1808“ enthalten.

[4]) Der Autor des anonym erschienenen Stückes ist nicht bekannt. Als Schulkomödie verfasst, enthält es keine Frauenrollen; es wurde 1750 in einem Pariser Gymnasium dargestellt.

[5]) „Le prix du silence“, Lustspiel in drei Acten von Boissy.

Ertzherzogin Maria Anna; die anstatt des valet Dubois componirte Soubrette Suson: meine Tochter; Lisidor: Graf Neipperg; Léandre: Franz Esterhazy; Rosimon: Antoni Pergen; Dorante: Eugen Würben: der statt des Arlequin de la pièce substituirte Frontin: Baron Hagen, der Bruder der Fürstin Trautsohn; in den Ballets danzten die älteste Freyle von Auersperg vom Obriststallmeister und die Dochter des Rudolph Chotek, sodann von Chapeaux: Gundacker Stahremberg, Rogendorf, Carl Dietrichstein, Sohn vom Leopold, und Josef Colloredo, dritter Sohn des Reichsvicekanzlers. Weillen man aber der Anständigkeit halber die Zahl deren Zuseher beyläuffig auf 100 Persohnen beschränken wollte, so wurde der Platz für das Auditorium hiernach adjustirt und das Theatrum desto grösser und tieffer zubereitet. Denen Hofämtern und Conferenzministris wurde heut und alle folgenden Mahl der Zutritt verstattet, sonsten aber Niemanden, der nicht von den Acteurs oder Danzern ein Billet hatte, und dörfften diese lezteren vier Zetteln, die erstern aber sechs naturellement, nur so in das Appartement kommen können, jedoch für heut keinem fremden Ministro oder sonstigen Ausländer distribuiren, welchen Verbott die Indiscretion veranlasset hat, da mann denen wunderlichsten fremden Leuthen dergleichen Billets gegeben. Die Ordonanz war immer um 6 Uhr, die Cammerfourire mussten gewöhnlichermassen die Zettlen bey dem Einlasse sich geben lassen und die obere Gallerie nebst dem kleinen in den Saal heruntersehenden Fenster wurde völlig mit Spallieren verdeckt, damit Niemand, ausser jenen, welche mittelst deren Billets d'entrée hinter denen Herrschafften im Parterre sassen, zuschauen konnte; à l'ordinaire aber wurden einige der Cammerdienerinnen und distinguirten Hoffleuthen auch par faveur ein und anderer des messieurs du second ordre annoch ein·gelassen und ganz zurück in den Croisées der Fenster placirt. Die Acteurs anbelangend, so thaten zwar selbe ihr Möglichstes, um die Pièce in etwas brilliren zu machen, allein weillen sehr wenig Interessantes darinen einkommet und im Gegentheil jene, welche in der Statt gespillet worden, eine der fürtrefflichsten des dermahligen französischen Theatre ist, mithin ungemain wohl choisirt ware, so hatten sie freylich doppelte Mühe, zu reussiren.

7. Februar. Wurde ... Abends die leztere französische Comedie in dem spahnischen Saale repetirt, und zu selber anheut die geweste Hoffämter zugelassen, anbey auf meine beschehene Anfrag erlaubet, das mann denen fremden Ministris Billets geben dörffen, wann sie einige ansuchen solten, wie es auch alle gethan haben, und nahmentlich der französche Bottschaffter von meiner Dochter mit einem dergleichen Zettel bedienet worden. Wer aber einig andern Fremden damit favorisiren wolte, musste sich zuvor bey der Fürstin v. Trautsohn, welche

sie immer an mich angewisen, melden, und wurde so leicht nicht verstattet.

9. Februar. „J. J. M. M. haben nebst anderen Gästen bey meinem
Schwager [Dietrichstein] zu Mittag gespeist. Nach dem Essen wurde
von dessen Dochter, zwey älteren Söhnen, seiner Nièce Freyle
v. Althann, Freyle Louise v. Rosenberg, dem kleinen Trautsohn,
jüngstem Sohn des Fürsten, so den Arlequin gemacht, und dem Cammerherrn Joseph St. Julien eine französische Pièce, ‚La comédie anonyme‘ [6]),
producirt, worvon die Kayserin nur allein gewust oder wissen sollen,
indem mann den Kayser damit surpreniren wollen und das ganze Spectacle, sowohl mit Auswahl der Pièce selbsten, als mit Austheilung deren
Rolen also angestellet, damit obbemeldeter Graf Julien[7]) le heros de la
pièce sein, mithin der Kayser desto mehreres Amusement dabey finden
mögte, wie dann auch Selber und alle übrige wenige Spectateurs ge-
wisslich nicht vergnügter und lustiger hätten sein können.

12. Februar. Die französische Comedie im spahnischen Saale der
Burg zum dritten und lezten Mahle vorgestellet [wobei das Fräulein
v. Goes die Rolle von Khevenhüller's Tochter, die erkrankt war, über-
nahm]. Hiernächst wurde noch zum Schlusse eine petite pièce, ‚Le de-
nouement imprevu‘[8]) benannt, producirt, worbey aber die Ertzherzogin
nicht mit agiret, sondern die zwey Weiberrollen, und zwar jener von der
Mlle. Argante durch die Hoff-Dame Frau v. Schirnding, und die
suivante Lisette von der Hoff-Dame Frau v. Salburg vorgestellet wurden ...
[Vergl. die unrichtige Angabe bei Wolf Ad.: Hofl. Mar. Ther., 2. Aufl. S. 116.]

14. Februar. Wurde die Comédie bey meyner Schwester in Gegenwart des Kaysers und der jungen Herrschaften wiederhollet.

13. Mai. [Geburtsfest der Kaiserin.] Um 5 Uhr waren die Stund-
Frauen bestellet, welchen die Kayserin en cercle in der grossen Galerie
die Hand zu küssen gabe, und Sich sodann nebst dem Kayser und den
älteren Jungen Herrschafften und der Princesse in publico mit Vortret-
tung obbemelter drey Bottschafter (Nuntius, französischer und neapo-
litanischer) zur Opera verfügte; damit aber alles Impegno zwischen
der Princesse und diesen leztern vermieden würde, so begabe Sich
Erstere, nemlich die Princesse, nebst sämmtlichen Jungen Herrschafften

---

[6]) Lustspiel in drei Acten von Boissy. Im „Répertoire des théâtres de la ville
de Vienne" erscheint es mit der Bezeichnung: „La ***".

[7]) Johann Josef Graf St. Julien-Wallsee, geb. 13. Juli 1704, gest. 5. Jänner 1794,
einer der Lieblingsgesellschafter des Kaisers, der ihn wegen seiner heiteren Laune und
seines Geschickes im Arrangement von Festlichkeiten sehr schätzte.

[8]) Lustspiel in einem Act von Marivaux.

in die grosse Loge hinauf und J. J. M. M. sezten Sich gewöhnlicher massen auf dero Estrade in den Parterre, allwo dann auch die Bottschaffter ihre Bank vorbereitet fanden, und die mit gekommenen Dames, Hoff-Ämter und übrige Cavalliers (versteht sich solche, die das Appartement frequentieren dörffen) wie sonsten üblich placiret wurden: zwey Cammerherren, nemlich der junge Fürst von Auersperg und mein Eydam waren Comissaire für den Parterre, und zwey Truchsess für den äussern Einlass und die Galerie, welche leztere al solito für die Cammerdienerinnen und dem Halb-Adel destiniret warn; damit aber weniger Unordnung seye, so wurde befohlen, dass vor der Ankunnft des Hoffs lediglich die fremden Ministri, geheimen Räth, Cammerherren und Generals-Persohnen in den Parterre gelassen, allen übrigen Cavalliers aber die Entrée erst zugleich mit dem Hoff verstattet werden solle. Mann hatte zwar geglaubt, das wir heut nicht in publico zur Opera gehen würden, weillen selbe abermahlen von einer Compagnie von Dames und Cavalliers produciret worden und man dergleichen Spectacles sonsten par Distinction immer als Cammerfest zu tractiren gepfleget, allein wegen des heutigen so grossen Gala-Tags ware nicht wohl anständig und möglich, das Publicum zu vermeyden, und wäre mithin etwann besser gewesen, wann die Noblesse mit gutter Art declinirt hätte, ihre Opera an den Gala-Tag selbsten zu spillon; übrigens waren die vier Sängerinnen die nemlichen, so vorn Jahr Sich hören lassen, anstatt des Grafen Pergen als einzig dabey gewesenen Chapeau sange der Principe Michaele Tassis, Kays. Cammerherr, welcher nebst einer unvergleichlichen Action eine recht angenehme Stimme hat, und was das Besonderste ist, ohne jemahlen die Music erlernet zu haben, das Recitativo sowohl als die Arien mit ungemainer Accuratesse und bester Methode zu singen weis; die Composition ware von dem eigenen [!] Signor Bono, der die vornjährige gemacht, welche die meiste Connoisseurs der gegenwärtigen preferiren wollen; die Opera hiesse L' Eroe Cinese und ware eine abermahlige stattliche Arbeit des berühmten Abbate Metastasio. Nach dem erst- und zweyten Act wurden Ballets, einer von Chinesern und der andere von Tartaren, produciret, bey welchen die älteste Dochter des H. Obrist Stallmeisters und des Hartschiren Haubtmanns nebst den Grafen Rogendorf, Joseph Herberstein, Carl Dietrichstein und Joseph Colloredo gedanzet haben; meine Thereserl figurirte auch in den ersteren, und wurde in einer Urne de porcellaine herausgetragen, so aber vor mir ein mystere sein sollen; J. J. M. M., welche du secret waren, haben Selbsten alles mit beygetragen, dass ich es nicht erfahren sollen ...

    14. Mai. ... Abends fuhren die Herrschafften in die Burg und wohnten in dem Theatro des Balhauses der ersten Repraesentation der unlängst anhero beschribenen französchen Trouppe⁹) bey, welche mit der Tragedie: Le Comte d'Essex de Thomas Corneille¹⁰) debutirt, darmit aber, weillen die Actrices gar zu ridicules Gestes und Contorsions gemacht, sehr schlechte Ehre eingelegt haben; die piéces comiques seind aber nachhero besser reussiret, und wurden vor allen Mr. Ribou¹¹) nebst seiner Gemahlin billig applaudiret, deren leztere die Soubrete machte, ersterer aber sich sowohl deren roles tragiques, als comiques unvergleichlich aquitiret hat, wie er dann auch zu Paris au Theatre de la Comédie françoise einer deren stärckesten Acteurs gewesen, und selbes bloss wegen einer unglücklichen Affaire, wo er seinen Contrepart erstochen haben solle, verlassen müssen.

15. Mai. Abends kammen die Herrschafften wiederumen zu der französischen Comedie ... mann spillte den Democrite¹²) und für die petite piece: Le François à Londres.¹³)

16. Mai. Den 16. fuhre die Kayserin abermahlen ... zur französischen Comédie ...; heute wurde der Joueur¹⁴) producirt mit der Serenade.¹⁵)

18. Mai. Wurde die Cavalliers und Dames Opera zum zweytenmahl wiederhollet, die Herrschafften giengen aber nicht en public, sondern bliben in denen Logen, mithin wurde, wie in solchem Fahl bereits hergebracht, der Parterre theils der Noblesse, theils denen Spec-

---

*) Hebert, gewesener Director des Schauspiels im Haag, wurde am 22. Februar 1752 mit der Bildung einer französischen Truppe für das Wiener Hoftheater beauftragt. Vgl. über denselben, sowie über dessen Mitglieder: „Répertoire des théâtres de la ville de Vienne ... Vienne, dans l'imprimerie de .. Ghelen 1757."

¹⁰) In der deutschen Bearbeitung des Licentiaten Peter Stüven bereits am 15. Juni 1748 zum ersten Male aufgeführt. Diese Uebersetzung ist im I. Bande der „deutschen Schaubühne zu Wien" abgedruckt. — Ausser der Tragödie „Essex" wurde am Eröffnungstage noch aufgeführt: „L'Oracle", Lustspiel in einem Act von Saint-Foix.

¹¹) Ueber Nicolaus Ribou ist nur bekannt, dass er am 6. November 1747 im Théâtre français zu Paris in der Rolle des Orestes in „Electra" debutirte und vom 15. Jänner 1748 bis 1750 Mitglied desselben war. Auch zwei Kinder Ribou's, ein Knabe und ein Mädchen, gehörten dem Wiener Theater an. Er starb am 9. Mai 1759 zu Wien im Neubad (Naglergasse) im Alter von 40 Jahren „am hitzigen Fieber" (Todtenprotokoll des städt. Archivs).

¹²) „Démocrite amoureux", Lustspiel in fünf Acten von Regnard; eine deutsche Uebersetzung von H. G. Koch, zum ersten Male aufgeführt am 17. October 1753, ist abgedruckt in der „Neuen Sammlung von Schauspielen, welche auf der .. deutschen Bühne zu Wien aufgeführet worden" Bd. I.

¹³) Lustspiel in einem Act von Boissy.

¹⁴) Lustspiel in fünf Acten von Regnard. Eine deutsche Uebersetzung (abgedruckt im XI. Bande der „Neuen Sammlung von Schauspielen") wurde am 22. November 1766, eine andere von Bergobzoomer am 9. Juli 1774 zum ersten Male aufgeführt.

¹⁵) Lustspiel in einem Act, ebenfalls von Regnard.

tateurs du second rang, und die Gallerie jenen, die den Hoff begleiteten, zugetheilt, und weillen die zwey in privato stehende Bottschaffter Bertuchef und Tron wie ingleichen der anjezo sich in publico befindende Neapolitanische Bottschaffter zu mir geschickht, so liesse ich selben gewöhnlicher massen auf der ersten Bank in Parterre ihre Plätze mit Hinstellung eines Hartschiren aufheben. Vor der Opera hatte der genuesische Gesante Conte Durazzo seine Abschiedsaudienzien bey beyden Kays. Mayest. . . . diser Cavallier hat vor ein paar Jahren eine Dochter des Grafen Antoni Weissenwolff geheyrathet, welche von ausnehmender Schönheit ist, auch für das schönste Weib dahier passiret, und wird in Kurtzem, wie verlauten will, von Genua wiederum anhero kommen und eine Stelle in dem wälschen Rath erhalten.

29. Mai. [Laxenburg.] . . . [es] wurde von der in Geheimm anhero bestellten frauzöschen Trouppe in dem Saal des Obrist Hoffmeisters Behausung der Avocat Patelin[16]) und für die petite piece les vacances[17]) aufgeführt; der Kayser hätte nichts davon wissen sollen, allein einen Augenblick zuvor wurde das Geheimmnus durch die Ungeschicklichkeit eines Seinigen Kammerdieners entdecket . . .

30. Mai. [Laxenburg.] . . . [es] regalirten uns die französchen Comoedianten mit den: Folies amoureuses[18]) und le mari retrouvé;[19]) welche Piècen, gleichwie gestern mit Ballets und Chansons, c'est à dire avec tous leurs agremens entremélirt war.

14. Juni. [Laxenburg.] Abends nach der Retour von der Baitz wurde von der franz. Trouppe die Piece: L'ecole des meres[20]) producirt und zwar ohne petite piece, weillen es zu spatt worden.

15. Juni. [Laxenburg.] . . . wurde die Comédie: Le Mechant[21]) producirt.

19. Juni. [Besuch des Kaisers und der Kaiserin in Schloss Ebergassing bei dem Fürsten Josef Wenzel Lichtenstein.] Daselbst „wurde zum Beschluss auf einem in der zugedeckten Reutschull errichteten Theatro von der eigends anhero beruffenen französchen Trouppe zwey kleine

---

[16]) Lustspiel in drei Acten von Brueys und Palaprat, Erneuerung einer Farce des 15. Jahrhunderts „Maistre Pierre Pathelin".

[17]) Lustspiel in einem Act von Dancourt.

[18]) Lustspiel in drei Acten von Regnard.

[19]) Lustspiel in einem Act von Dancourt.

[20]) Lustspiel in fünf Acten von Marivaux. In einer deutschen Bearbeitung von Conrad Eckhof unter dem Titel „Die Mutterschule" am 26. Jänner 1765 aufgeführt.

[21]) Lustspiel in fünf Acten von Gresset.

Pieces: La pupille[22]) et les pretieuses ridicules[23]) produciret, nebst Balleten, welche von denen Comoedianten selbsten exequirt wurden."

21. Juni. ... heut producirte man zwey kleine Pieces: L'esprit de contradiction[24]) und Le coq de village,[25]) so ein Opera comique ist.

25. Juni. Abends nach 6 Uhr wurde die Opera della Nobiltà, welche wegen unserer bisherigen Excursionen einige Wochen her nicht mehr gespillet worden ware, zum dritten Mahl reproduciret.

29. Juni. Abends kamm der Kayser in die französche Comedie, allwo mann die Melanide[26]) und für die petite piece: L'epreuve reciproque[27]) gespillet hat; die Ballets seind aber seit einigen Tägen sehr schlecht worden, indeme die zwey besten Dänzerinnen, le due sorelle Ricci, par Ordre superieur ganz gähling von hier weggeschaffet worden, weillen selbe mit einigen jungen Cavalliers sich zu sehr bekannt gemacht haben sollen.

3. Juli. [Goldene Hochzeitsfeier des Grafen Erdmann v. Proskau auf Einladung der Kaiserin in Schönbrunn.] Nach halber 6 Uhr gienge alles zur Opera, welche der Hochzeit zu Ehren anheut zum lezten Mahl gespillet wurde, und hatten die Brautleut annoch zum Schluss die besondere Gnad, das sie in' der grossen Loge neben I. M. der Kayserin und in einer Reyh mit Selber und denen Jungen Herrschafften sich niedersetzen und dem Spectacle also zusehen dorfften ... Nach der Opera thate die Kayserin Sich also gleich retiriren, der Kayser aber soupirte mit der gewöhnlichen Compagnie, worzu auch die Acteurs und Actrices neben denen Danzern und Danzerinnen und deren Freylen Eltern geladen wurden. ... die kleinen Geschanknussen aber waren ihnen allschon vor der Opera von der Fürstin von Trautsohn ausgetheilet worden.

11. Juli. [Laxenburg.] Speisten J.J. M.M. wegen der grossen Hitz in der Sala terrena und Abends kammen dieselbe ... in die französche Comedie, allwo mann Arlequin sauvage[28]) und La Sylphide[29]) repraesentiret.

---

[22]) Lustspiel in einem Act von Fagan. Deutsch unter dem Titel „Das Mündel" zum ersten Male am 13. August 1769 aufgeführt und im I. Bande des „Neuen Theater von Wien" abgedruckt.

[23]) Lustspiel in einem Act von Molière.

[24]) Lustspiel in einem Act von Dufresny; eine Uebersetzung von Mayberg 1755 aufgeführt.

[25]) Komische Oper in einem Act von Favart.

[26]) Lustspiel in fünf Acten von Nivelle de la Chaussée.

[27]) Lustspiel in einem Act von Alain und Le Grand; deutsch von A. G. Meissner 1779.

[28]) Lustspiel in drei Acten von Delisle.

[29]) Lustspiel von Dominique (Pseudonym für P. F. Blancolelli) und Romagnesi.

23. Juli. Abends kamme der Kayser in die französch. Comedie, wo mann die Semiramis v. Voltaire[30]) repraesentiret.

21. September. Abends wurde pour l'amuser [den Kaiser] die französch. Comedie heraussen auf unserm Schönbrunner Theatre gespillet, les pieces étoient: Esope à la cour;[31]) et: L'amant auteur et valet.[32])

5. October. Wurden die drey Jüngeren Frauen, wie auch unsere alte Frau Obrist Hoffmeisterin wegen alsgemach einbrechender Kälte in die Burg transportiret, und passirte die Kayserin den ganzen Abend mit denenselben, wo indessen der Kayser auf der Jagd und nach selber in die französche Comédie Sich verfüget, und nachdeme Sie zum Schluss der Pièce ebenfahls in die Loge gekommen, so fuhren beyde Mayestäten miteinander zurück nach Schönbrunn.

28. October. Abends um 6 Uhr ware Ordonnanz zu einer kleinen Comedie de trois actes, genannt Saturnales, welche von der berühmten Mad. de Graffigny eigends componirt und anhero geschickt worden, um von den Jungen Herrschafften produciret zu werden. Die Acteurs und Actrices waren: Cesar: der Ertzherz. Joseph; Cornelie: meine Tochter Thereserl; Cinna: Ertzh. Karl; Servilie: Ertzherzogin Marie; Bacchis: Ertzherzogin Amalie; Sostrate: Ertzherzogin Elisabet; Dromon: jüngerer Trautsohn; Davus: Ertzherzog Leopold; Cratinus: ein jüngerer Wallis ex Theresiano. Die Danseurs und Danseuses waren die obbemelte vier Ertzherzoginnen, meine Thereserl und Marianl, die älteste Dochter meines Vettern Louis, die Gräfin Frantz Schrattenbach, die jüngere Trautsohn und 4 Knaben ex Theresiano. ... pour l'ouverture du Theatre kame meine Nänl mit einem kleinen Sohn des Cammerherrn Grafen Gottlieb Windischgratz heraus en criant: saturnales. Die Piece war gar zu serios und die Dialogues gar zu lang für Acteurs eines solchen Alters, mithin war auch die Kayserin nicht allerdings zufrieden. Weillen das Fest zu Ehren dero Nahmenstags destinirt war, so machte man kleine Gala. Das Theatrum war wie vorigen Winter in dem spahnischen Saal ...

29. October. Der Kayser gienge ... in die französche Comedie, allwo mann Cinna[33]) und Arlequin poli par l'amour[34]) vorgestellet.

---

[30]) Eine Uebersetzung von Löwen wurde auf der deutschen Bühne am 15. October 1763 zum ersten Male aufgeführt; sie ist im III. Bande der „Neuen Sammlung von Schauspielen" enthalten.

[31]) Lustspiel in fünf Acten von Boursault; deutsch von Keppner 1775.

[32]) Lustspiel in einem Act von Cérou. Eine Uebersetzung von Martini unter dem Titel „Der Liebhaber als ein Schriftsteller und Bedienter" wurde am 17. Juli 1769 aufgeführt.

[33]) „Cinna, ou la clémence d'Auguste". Trauerspiel von Pierre Corneille. Eine Uebersetzung unter dem Titel: „Cinna, oder die Gnade des Augustus" wurde bereits 1750 aufgeführt und ist im V. Bande des „Neuen Theaters von Wien" erschienen.

[34]) Lustspiel in einem Act von Marivaux.

30. October. Abends wurde die Junge Herrschafften Comédie zum zweytenmahl repraesentiret, worzu heut die geweste Hoff-Ämter und deren Wittib geladen, und von denen Acteurs 4, von denen Danseurs 2 Billets d'entrée ausgetheilet wurden, jedoch mit der nemmlichen Defense wegen den Fremden, nur dorffte meine Frau dem Sächs. Gesanten und dessen Frau, weillen Sie noch niemahlen die Junge Herrschafften agiren gesehen, Zetteln geben; an dieser continuirlichen Defense ware lediglich Ursach, das nemmlich die Kayserin mit der Piece nicht zufrieden gewesen, und muss ich der Wahrheit zulieb bekennen, das meine Thereserl fast allein par son jeu de theatre sich hervor gethan, gleichwie dann auch lediglich sie nebst der Ertzherzogin Maria mit Ihren Ballets brillirt haben.

7. November. Ware ich Abends mit dem Kayser in dem Comédienhaus bey den Kärnthner-Thor, allwo die französche Bande, umwillen des Theatrum nächst der Burg die ganze Armen-Seelen-Octav nach den neuen Reglement geschlossen bleiben muss, anheut den Philosophe marié[35]) und le naufrage[36]) repraesentiret haben.

12. November. Abends kamme der Kayser in die französche Comédie à la premiere representation d'Athalie, nach welcher ein neuer Ballet, die Fabel der Psyche vorstellend, mit besonders schönem Flugwerk und Machinen produciret wurde.

13. November. Speisten die Herrschafften in der Burg . . . und alles gienge Abends in die französche Comédie.

1753.

17. Februar. Wohnten J.J. M.M. nebst denen älteren zwey Ertzherz. und der Princesse einer bey Graf v. Tarocca dises Jahr von denen nemlichen vorn Jahr erschynenen Dames und den Graf Durazzo, Sulkoffsky, Schaffgottsch Antoni und meinen beyden Neveux abermahlen producirten theatralischen Repraesentation incognito bey, welche in der Haubtpiece Melanide, und petite piece: Le colin-maillard[37]) genannt, bestanden, und letztere mit einigen Agrements de chant et de danse accompagniret gewesen. Die Gräffin Clari, so den Role der Melanide, und Sulkoffsky, welcher den Amanten vorgestellet, haben sich besonders distinguiret, sodann hat mein Neveu Hanns Carl den Role de Paysan in der petite piece recht d'original exequiret.

---

[35]) Lustspiel in fünf Acten von Destouches. Eine Bearbeitung in drei Acten und Alexandrinern unter dem Titel: „Der verehelichte Philosoph oder der Mann, der sich schämet, einer zu seyn", enthalten in der „Neuen Sammlung von Schauspielen", Band IX, wurde 1765 aufgeführt.

[36]) „Le Naufrage, ou la Pompe funèbre de Crispin", Lustspiel in einem Act von Lafont.

[37]) Lustspiel in einem Act von Dancourt.

21. Februar. Abends wohnten die Herrschafften der zweyten Repraesentation der französchen Comedie bey Graf Tarocca bey, und wurde eine neue petite piece: Les folies du jour[38]) genannt, produciret.

26. Februar. Wohnten J.J.M.M. abermahlen der Comedie bey Tarocca bey.

3. März. Kammen die Herrschafften abermalen zum Tarocca, allwo von der nemmlichen Compagnie d'Acteurs eine neue Piece: Le Provençal à Paris[39]) benammset, repraesentiret, und hierbei der Role d'Arlequin, sous le nom de Frontin, von dem unlängst aus dem Theresiano ausgetrettenen Grafen Ignatio v. Harrach, dermahligen Secundogenito des seeligen Grafen Friedrichs exequiret wurde; er hatte seinen Part erst gestern Abends überkommen und sich mithin sowohl durch das starke Anstrengen des Gedächtnus als sonnstige Bemüh- und Exercirung, um seiner Sache ein Genügen zu leisten, das Geblüt dergestalten echaufiret, das er den folgenden Tag mit einem starken Fieber nebst Seitenstechen und zulezt mit dem weisen Friesel überfallen worden, woran er wenige Täg hernach als den 11. dises im 20. Jahr seines Alters seinen Geist aufgeben müssen; er ware ein Zwilling des noch lebenden Grafen Xavery, und von der Fr. Mutter auf der Rais zu ihrem Mann nach Brüssel unterwegs in dem·Schiff auf den Rhein zur Welt gebohren, übrigens vom Leib sehr übl gewachsen und bucklicht, im Gesicht aber von einer schönen seinem Vattern seel. ähnlichen Gestalt, mit viller Lebhaftigkeit und sonst gutten Qualiteten begabt.

6. März. Kammen J.J.M.M. nebst der Princesse auf Mittag zum Tarocca . . . nach 6 Uhr wurde die lezthinige Comedie repetiret, bey wolcher der Conte Durazzo, der nunmehro dem Grafen Frantz Esterhasy in denen Spectacles und Bal-sachen per decretum speciale Directory adjungiret und sich par preference darum annihmet, nebst seinem vorigen Role du Vieillard auch jenen des damahlen noch krank gelegenen Harrachs übernohmen, zumahlen die Piece so verfasset, das mann die Apparition sothaner beyden Personagen zu gleicher Zeit ganz füglich evitiren können.

24. April. Gienge der Kayser . . . Abends zur ersten deutschen Comédie nach der Fasten.

25. April. Waren J.J.M.M. nebst sämtlichen Herrschafften bey Wiedereröffnung des französchen Theatri, worauf der Médisant[40]) und

---

[38]) Soll heissen: „La folie du jour", Lustspiel in einem Act von Boissy.

[39]) Wahrscheinlich identisch mit: „Le provincial à Paris, ou le pouvoir de l'amour et de la raison", Lustspiel in drei Acten von de Moissy.

[40]) Lustspiel in fünf Acten von Destouches.

Crispin rival de son maitre[41]) nebst zwey neuen Ballets produciret
wurde, und sich sowohl neue Acteurs und Actrices als auch Danzer und
Danzerinnen sehen liessen.

26. April. ... Abends kamen die Herschafften wieder herein
in die französche Comedie, allwo La gouvernante,[42]) et l'ecole des
meres du Sr. Marivaux gespillet wurde.

29. April. Ihre Majestäten ... giengen Abends in die französche
Comedie, allwo die Pieces: Polyeucte[43]) et l'apparence trompeuse[44])
gespillet wurden.

6. Mai. [Laxenburg.] Nach ... der Baitz gienge mann in das
erst kürtzlich und in sehr wenig Wochen am End des sogenannten
Hoffgartens gegenüber des Sinzendorfischen Hauses von Stain und recht
hertzig erbaute neue Theatrum, allwo die wieder eigends anhero be-
ruffene französche Trouppe: L'enfant perdu[45]) nebst zwey neuen Balleten
produciret, und wurde, weillen es der Raum genugsamm zugelassen, allen
Cavalliers und Dames, so das Appartement frequentiren dörffen, erlaubet,
heut und überhaubt alle Cour-Tag dabei zu erscheinen.

8. Mai. [Laxenburg.] Mann musste die junge Herschafften wieder
zurück nach Schönbrunn schicken, zumalen der Ertzherzog bey der
gestrigen Repraesentation des Curieux impertinent[46]) sich ohnedem
wegen der Kälte nicht allerdings wohl befunden ... [es] ware nachmittags .. Baitz und au retour die Tragedie: Le Comte d'Essex und
pour petite pièce: Le François à Londres, worbey à sa façon remar
quable ist, das der nemliche Acteur Sr. Ribou sowohl die tragique als
comique personage in beyden Rolen mit gleicher Perfection vorgestellet.

9. Mai. Waren wir Fruh und Nachmittags auf der Baitz und
Abends wurden die zwey kleinen Comédies: Le consentement forcé[47]) und
L'epreuve reciproque gespillet.

16. Mai. Thaten I. M. die Kayserin die Gnad dem Collegio Theresiano und verfügten sich nebst denen älteren drey Herrschaften und
der Princesse Nachmittag gegen 5 Uhr hinaus, einer von den Cavalliers

---

41) Lustspiel in einem Act von Losage.

42) Lustspiel in fünf Acten von Nivelle de la Chaussée.

43) Von Corneille; in deutscher Uebersetzung am 13. September 1763 aufgeführt
(abgedruckt in Band II der „Deutschen Schaubühne zu Wien“).

44) Lustspiel in einem Act von Guyot de Merville.

45) Soll wohl heissen: „L'enfant prodigue“ (Der verlorne Sohn) von Voltaire.

46) Lustspiel in fünf Acten von Destouches.

47) Lustspiel in einem Act von Guyot de Merville. In einer freien Uebersetzung
von Gebler unter dem Titel: „Die abgenöthigte Einwilligung“ am 5. October 1771
aufgeführt.

producirten französchen Comédie: Les incommodités de la Grandeur, ou
Le faux Duc de Bourgogne[48]) genannt, beyzuwohnen, geruheten auch
allerseits ein gnädigstes Vergnügen darüber zu bezeigen, so die Knaben
in der That auch verdienet, und unter selben besonders ein junger Baron
von Reuschenberg aus dem Cöllnischen, welcher den role de Gregoire
gemacht, sich distinguiret hat; die nemmliche Comédie mussten sie nach
der Hand noch zweymahlen für die beyde jüngere Ertzherzoge und sodann
für die übrige kleine Frauen repraesentiren; der Pater Rector, den ich
meines Orths mit secundiret, suchte sogleich von dem gutten Tempo zu
profitiren, und erbettelte von der Kayserin eine Gratification von 12.000 fl.
zu dem neuen Gebäu . . .

21. Mai. [Laxenburg.] Ware Baitz und französche Comédie:
L'homme du jour[49]). Desgleichen

22. Mai, wo man die Nanine vom Voltaire gespillet.

23. Mai. Nachmittag ware Baitz et au retour la comédie: Sidney[50]).

24. Mai. Abends wurde . . die Tragédie: Ines de Castro[51]) aufgeführet.

27. Mai. Nachmittag ware auf einer der grünen Lusthäusern
Appartement und au retour comédie: Le Misantrope[52]).

28. Mai. Abends wurden zwey kleine Piècen: Le Florentin[53]) und
La Pupille repraesentiret.

1. Juni. Nachmittags ware Baitz, aber keine Comédie wegen des
heutigen Freytags.

2. Juni. Abends erlaubte die Kayserin, wiewollen Sie sonsten den
Sammstag gleich dem Freytag zu halten und kein spectacle bey Hoff
zuzulassen pfleget, das um den neu angelangten Printz Carl zu amusiren
französche Comédie gespillet werden dörffen: mann repräsentirte abermahlen den Misantrope und La pupille, die Kayserin aber nebst den
jungen Herrschafften kamen nicht dazu.

3. Juni. Nachmittags ware weder Baitz, noch Appartement, Abends
aber Comédie: L'Impertinent[53a]) und Le triple mariage[54]).

---

[48]) „Comédie héroïque" von Du Cerceau; als Schulkomödie verfasst und zuerst
im Collège Louis le Grand in Paris aufgeführt.

[49]) „L'homme du jour, ou les dehors trompeurs", Lustspiel in fünf Acten von
Boissy.

[50]) Drama in drei Acten von Gresset.

[51]) Tragödie von La Mothe. Eine Parodie derselben von Le Grand und Dominique unter dem Titel „Agnés de Chaillot" erscheint gleichfalls im Repertoire.

[52]) Von Molière.

[53]) Lustspiel in einem Act von Lafontaine.

[53a]) Lustspiel in einem Act von Desmahis.

[54]) Lustspiel in einem Act von Destouches.

4. Junl. Abends ware Baitz und Comédie: La vie est un songe[53]) benamset.

5. Junl. Nachmittag keine Baitz, sondern dafür wurde die Comédie und zwar: Le grondeur[54]) et le françois à Londres früher gespillet, und nach selber gegen 7 Uhr fuhren J. J. M. M. nebst dem Printzen und der Princesse en chaise de Landau spatziren.

6. Junl. Abends wurde der Distrait[57]) repraesentiret." [Letzte Vorstellung in Laxenburg.]

15. October. [Schönbrunn.] Wurde ... Abends die Opera: La Clemenza di Tito[58]) (wozu mann das Personale auf des Kaysers Befehl und Unkosten in aller Eyll susammen suchen müssen und worzu der [Andreas Adolfati] die Music componiret) ebenfahls in publico aufgeführet, worbey denen in privato stehenden Bottschafftern die Loge rechter Handt, und dem Printzen v. Modena die gegenüber auf der linken Seiten befindliche angewiesen wurde; das Soupé aber blib aus.

18. October. Abends wurde die Opera auf dem Schönbrunner Theatro repetiret.

30. October. Wurde zu Schönbrunn die Opera wiederhollet.

14. November. Abends wurde die Opera zum zweyt- und letzten mahl gratis in der Statt gespillet.

1754.

11. Februar. Visite des französchen Spectacle.

6. Mai. Man gienge in die Comedie [in Laxenburg] und fande das dissfählige Gebäu ebenmässig vollkommen verfertiget: heut wurde Le tems passé[59]), eine kleine Piece, repraesentiret ... die Entree zur Comedie ware zwar anfänglich allen, so das Appartement frequentiren dörffen, vermaint, allein bald darnach wie vorm Jahr auf die Character von geheimmen Rath und Cammerherr restringiret, um die fremmde Ministres eloigniret zu halten, und weillen die Direction deren Spectacles, seitdem Graf Frantz Esterhasy nichts mehr damit zu thun haben wollen,

---

„Comédie héroïque" in drei Acten von Boissy, Bearbeitung von Calderon's „Leben ein Traum".

Lustspiel in drei Acten von Brueys und Palaprat.

Lustspiel in fünf Acten von Regnard; in der Uebersetzung von Bergobzoomer („Der Zerstreute") 6. Jänner 1776 aufgeführt.

Lustspiel in einem Act von Le Grand. Es ist der 1. Theil eines dreiactigen Lustspieles, betitelt: „le triomphe du temps"; die folgenden Acte heissen: „le temps présent" und „le temps futur".

der alleinigen Direction des Conte Durazzo übergeben worden ware, so wurde auch diesem nebst seiner Frauen ein Quartier von Hoff assigniret, und letzterer, jedoch sans consequence und mit ausdrücklicher Declarirung, das es nur geschehe, weillen der Mann en office zu Laxenburg seye, erlaubet mit an der Hoff-Taffel zu speisen, wiewollen sie keine Zutritts-Frau ist.

7. Mai. Heut wurde: La Metromanie[60]) aufgeführet, nebst einem seriosen Ballet, so die Fable d'Endymion repraesentirte.

8. Mai. Abends in die Comedia, wo die petite Piece: Amour pour amour[61]) benammset und ein neuer grotesquer Ballet: le gage touché oder das Pfänderspiel betitlet, gespillet wurde.

9. Mai. ... Repraesentation de l'usurier gentilhomme[62]) und eines abermahligen neuen grotesquen Ballets, das bekante Spill: des quatre coins, oder auf deutsch: Frau Gevätterin leyh mir die Schärr.

19. Mai. Abends repraesentirte mann: la surprise de la haine[63]) mit einem neuen grotesquen Ballet von Hussaren.

21. Mai. Abends der Democrite.

22. Mai. Ware... Comedie: le legataire.[64])

23. Mai. Abends spillte mann: Les femmes sçavantes.[65])

26. Mai. Abends zur Comedie: Le mariage fait et rompu,[66]) worauf ein neuer Ballet d'Espagnols folgte.

27. Mai. ... Appartement... nach dessen End für heut allen fremden Ministres und übriger Noblesse die Entree zur Comédie, allwo mann: Les fils ingrats[67]) repraesentirte, verstattet wurde.

28. Mai. Waren zwey petites Pieces: Le françois à Londres und le Deuil.[68])

10. November.[69]) Unter dem Vorwand, das der einstehende Carnaval ohnedem sehr kurtz, mithin auch die zu Erhaltung deren . übrigen und zumahlen des französischen Theatre gewiedmete dissfählige Recette sehr gering sein werde, beredeten die Liebbaber dergleichen

---

[60]) Lustspiel in fünf Acten von Piron.

[61]) Lustspiel in drei Acten von Nivelle de la Chaussée.

[62]) Lustspiel in einem Act von Le Grand.

[63]) Lustspiel in drei Acten von Boissy.

[64]) „Le Légataire universel". Lustspiel in fünf Acten von Regnard; in einer Uebersetzung von Bergobzoomer: „Der Universalerbe" 14. Jänner 1775 aufgeführt.

[65]) von Molière.

[66]) Lustspiel in drei Acten von Dufresny.

[67]) Lustspiel in fünf Acten von Piron.

[68]) Lustspiel in einem Act von Hauteroche. In deutscher Bearbeitung („Die Trauer") von Jester zum ersten Male 25. April 1769 aufgeführt.

[69]) In die Zwischenzeit fällt eine Reise des Kaisers und der Kaiserin nach Prag.

Lustbarkeiten die Kayserin, das Sie die erstere Redoute.. noch in diesem Monath und vor der Adventzeit eröffnen lassen möge...

1755.

8. Februar. Wurde aus specialer Erlaubnus französche Comedie auf dem Theatro nächst der Burg produciret, welches sonsten vermöge dermahliger Einricht- und Verordnung alle Sonnabend gleich denen Freytägen geschlossen zu sein pfleget.

16. Februar. J.J. M.M. ... erschynen Abends bey den heut zum ersten Mahl auf den Theatre nächst der Burg gehaltenen Concert oder so genannten Academie de musique, wormit alle Sonn-, Diens- und Donnerstag continuiret wurde; dieses Fasten-Spectacle dauerte von 6 biss 9 Uhr, mann bezahlte die Entree, jedermann kunte darunter spillen, das Theatre ware sehr schön zugerichtet und wohl illuminiret, und um Leuthe zu attiriren, befliessen sich der Conte Durazzo, als welcher nun die Inspection dieses Departements hat, theils fremmde Stimmen, worunter eine sichere Sa. Gabrieli [70]) detta la cochetta, bella voce di soprane, sich hören lassen, anbero zu beschreiben, theils verschiedene Variationen von chori, oratorij, salmi, arie, duetti zu produciren, wie sich dann imerdar ein zahlreiches Auditorium eingefunden hat.

29. April. [Laxenburg] Abends ware französische Comédie: le dissipateur [71]) und ein neuer Ballet: le matin genannt.

30. April. Abends 2 französische kleine Pieces: le Baron de la Crasse [72]) und Le fat puni [73]) mit einem abermahligen neuen Ballet, so den midi vorstellen sollen.

---

[70]) Katharina Gabrielli, geb. zu Rom 12. November 1730, gest. daselbst April 1796, eine der berühmtesten Sängerinnen des 18. Jahrh. Sie war die Tochter eines Kochs des Fürsten Gabrielli, von dem sie, da er sie ausbilden liess, den Namen annahm. Ihr Beiname, „la cochetta" (die Köchin), deutet auf ihre Abstammung. Sie kam durch Vermittlung Metastasio's nach Wien, wo sie durch ihre Kunst, aber auch durch eine etwas lockere Lebensweise Aufsehen machte. Sie blieb hier bis 1765. Ihr Portrait, in einer ihrer Glanzrollen, schmückte als Gewölbschild die Galanteriewaaren-handlung des anz Josef Mayer auf dem Graben (alt 1158) und gab demselben den Namen „zur schönen Sklavin". Siehe auch die Stelle vom 28. Juli 1754.

[71]) „Le Dissipateur, où l'honnête friponne". Lustspiel in fünf Acten von Des-touches. Eine Uebersetzung unter dem Titel: „Der Verschwender, oder die ehrliche Betrügerinn" wurde am 27. Februar 1765 zum ersten Male aufgeführt und ist im 7. Bande der „Neuen Sammlung von Schauspielen" abgedruckt.

[72]) Lustspiel in einem Act von Poisson.

[73]) Lustspiel in einem Act von Pont de Veyle. Eine Uebersetzung von Laudes: „Der bestrafte Geck", enthalten im 6. Bande der „Deutschen Schaubühne zu Wien", wurde zum ersten Male aufgeführt am 5. October 1766.

1. Mai. Abends ware.. der Distrait mit einem abermahligen neuen Ballet: le soir betitlet.

3. Mai. Die ganze [Hof-] Gesellschaft verfügte sich in das Comédien-Hauss, allwo heut die Menechmes [74]) und einer der vorigen Ballets aufgeführet wurden.

4. Mai. Abends wurde eine ganz neue Piece: les Originaux [75]) mit einem ebenfahls neuen Ballet: le minuit benammset, produciret, welche vier neue Ballets die Landbeschäfftigung und Unterhaltung durch die vier Tagszeiten en danse vorstellen sollen.

5. Mai. Wurde eine neue Pastorella: la Danza [76]) genannt, und welche lediglich in zwey Persohnen, der Gabrieli und Sieur Fribert [77]), einem Tenoristen, bestanden und eine Introduction zu einem neuen Schäferballet gewesen ist, produciret.

6. Mai. Man assistirte einer Repetition der gestrigen gesungenen Piece.

10. Mai. Abends wurde le Jaloux désabusé [78]) gespillet und einer deren neuen Ballets repetiret.

11. Mai. Wurden zwey kleine Pieces: L'apparence trompeuse und Le Leg [79]) und zwar dise leztere für das erste Mahl nebst zwey deren vorigen Ballets produciret.

22. Mai. Sahen wir den türkischen Effendi in der französchen Comédie, allwo mann selben in einer der hinteren Logen, seine Suite aber auf die Galerie placiret hatte. Mann producirte die Tragédie Brutus [80]), welche ihm aber zu traurig gewesen, hingegen gefiellen ihm die Ballets um so besser wie auch die kleine Piece, so eine espece d'opera comique ware, la surprise [81]) genannt.

26. Mai. Abends kamme der Kayser in die deutsche Comédie.

---

[74]) „Les Ménechmes, ou les Jumeaux", Lustspiel in fünf Acten (nach Plautus) von Regnard; in der Bearbeitung Schröder's „Die Zwillingsbrüder" zum ersten Male aufgeführt 30. December 1782.

[75]) Lustspiel in einem Act von Fagan. Unter dem Titel „Die Originalien" von Baron Rosenhahn übersetzt, wurde es am 6. September 1772 zum ersten Mal aufgeführt.

[76]) Text von Metastasio, Musik von Bono.

[77]) Karl Friberth, geb. 7. Juni 1736 zu Wullersdorf in Nieder-Oesterreich, gest. zu Wien 6. August 1816, ein Schüler Bono's und Gassmann's. Er trat 1759 in die Dienste des Fürsten Esterhazy zu Eisenstadt und wirkte später in Wien als Kapellmeister und Componist von Kirchenmusik.

[78]) Lustspiel in fünf Aufzügen von Campistron.

[79]) „Le legs", Lustspiel in einem Act von Marivaux.

[80]) Von Voltaire.

[81]) Vielleicht eine Reprise der oben genannten „Surprise de la haine" oder das Lustspiel „la Surprise de l'amour" von Marivaux.

7. Juni. [Laxenburg.] ... spillte mann: La fausse antipathie,[81]) eine piece von drey Acten, die übrige Mahl aber immer nur des pieces d'un Acte mit einem Ballet, damit mann nicht so spatt zum Soupé komme ...“

8. Juni. Abends producirte mann: Julie ou l'heureuse épreuve.[83])

9. Juni. Die heutige Comédie hiesse: L'Etourderie.[84]).

10. Juni. Heut spillte mann: Le Magnifique.[85])

11. Juni. Abends hatten wir: L'epreuve.

12. Juui. Abends producirte mann: La femme fille et veuve.[86])

14. Juni. Abends wurde.. la belle Orgueilleuse[87]) produciret.

15. Juni. Ware..: Le Sicilien.[88])

16. Juni. Abends wurde eine Opera comique: les amours de Bastien und Bastienne[89]) betitult, nebst einem neuen Bauern-Ballet produciret.

17. Juni. Appartement.., nach welchem die gestriege Piece repetiret wurde.

18. Juni. Die heutige Piece hiesse: le galant Jardinier[90])

19. Juni. Nach der Baitz wurde: le Babillard[91]) gespillet.

21. Juni. Nachmittags ware Baitz und sodann: l'Indiscret,[92]) wegen der grossen Hitz aber kamme die Kayserin nicht zur Comédie.

---

[81]) Lustspiel in drei Acten von Nivelle de la Chaussée.

[83]) Lustspiel in einem Act von Saint-Foix; in der Bearbeitung des J. E. Schlegel: „Julchen oder die glückliche Probe“ zum ersten Male 14. September 1771 aufgeführt.

[84]) Lustspiel in einem Act von Fagan. In deutscher Uebersetzung „Die Uebereilung“ zum ersten Male aufgeführt 18. Juni 1770.

[85]) Lustspiel in zwei Acten von La Mothe.

[86]) Lustspiel in einem Act von Le Grand.

[87]) „La belle Orgueilleuse, ou l'Enfant gâté“, Lustspiel in einem Act von Destouches.

[88]) „Le Sicilien, ou l'Amour peintre“, Lustspiel in einem Act von Molière.

[89]) Eine in mehrfacher Hinsicht theatergeschichtlich interessante Oper. Die ursprüngliche Fassung, „Le devin du village“ betitelt, stammt (Text sowohl, wie Musik; von Jean-Jacques Rousseau. 1753 in der grossen Oper zu Paris aufgeführt, hatte das Stück enthusiastischen Erfolg. Bald darauf erschien die hier genannte Bearbeitung auf dem Théâtre-Italien. Den Text verfasste Favart's Frau, eine der berühmtesten Soubretten des französischen Theaters, die Musik ist von ihrem Gesangslehrer Charles Sodi. Mad. Favart, welche die Rolle der Bastienne darstellte, erschien im einfachen Linnenkleid, ohne Schmuck und mit Holzschuhen und begann damit die Reform des Theatercostüms, das bis dahin durch unnatürlichen und die Illusion störenden Putz überladen war. Die Favart'sche Bearbeitung des Stückes wurde von Weiskern ins Deutsche übersetzt und von Mozart componirt. Am 25. December 1891 ging die kleine Oper mit neuem Texte von Max Kalbeck im Hof-Opernthetaer in Scene und gehört heute noch zum Repertoire.

[90]) Lustspiel in einem Act von Dancourt.

[91]) Lustspiel in einem Act von Boissy.

[92]) Lustspiel in einem Act von Voltaire.

22. Juni. Nachmittag ware Baitz und sodann: l'Impertinent, die Kayserin kamme aber erst zum Ballet.

23. Juni. Abends wurde: La maison de campagne[93]) vorgestellet.

24. Juni. Wurde die Pupille aufgeführet.

25. Juni. Wurden wir mit einem neuen gesungenen Pastorale: Le Cacciatrici amanti[94]) und einem dazu adaptirten Jäger-Ballet regaliret.

26. Juni. Wurde die nemmliche Operette repetiret. [Letzte Vorstellung in Laxenburg.]

5. Juli. Kammen die Herrschafften in das Theatre des Balhauses, auf welchen heut par extraordinaire, weillen alldorten Samstag kein Spectacle producirt werden darf, die französche opera comique: Les amours de Bastien gespillet wurde, und zwar par finesse für meine Schwester, welche auf wenige Täge von Nicolspurg anhero gekommen....

28. Juli. [Der Hof ist bei Kaunitz in Austerlitz zu Besuch; es wird unter andern Festlichkeiten eine Kammermusik aufgeführt], welche aber meistens in der Stimm der Mdlle. Gabrieli bestand; dise ware eben damahl la sultane favorite du chancellier und nebst Conte Durazzo und seiner Gemahlin der Ehre gewürdiget worden, dessen Reisgefährtin und mit selben nach Austerlitz und wieder zurück in der Voiture zu sein.

14. September. Abends kamme der Kayser und die zwei folgende Täge auch die Kayserin in das Comoedi-Hauss nächst der Burg, um die neue französische Opera comique: La vengeance inutile[95]) genannt, anzuhören.

5. und 6. November. Wurden beyde Comedien dem Volck gratis gegeben [aus Anlass der glücklichen Entbindung der Kaiserin] und in dem französchen Theatro die leztere Decoration, so einen Garten nebst Gebäude en perspective vorstellete, sehr hertzig illuminiret.

11. November. Die Kayserin hat wider des Kaysers und viller Anderen gutt Denckenden Mainung den Pharao [auf der Redoute] erlaubet, dessen Profit zu dem Fond des Spectacles geschlagen wurde.

8. December. ... der Kayser und die jungen Herrschafften kammen Abends in das Hoff-Theatre, allwo eine kleine Opera in zwey Acten: L'innocenza giustificata[96]) genannt, zum ersten Mahl nebst zwey neuen Balleten, aber nicht gratis, repraesentiret wurde.

---

[93]) Lustspiel in einem Act von Dancourt.

[94]) Von Wagenseil.

[95]) „Raton et Rosette, ou la vengeance inutile" von Favart, Parodie der Oper „Titon et l'Aurore" von La Marre.

[96]) Text von Metastasio, Musik von Gluck.

14. December. ... Repetition der neuen Opera, als welche die Kayserin heut zum ersten Mahl gesehen ...

18. December. Abends wurde in dem vorigen Wohnzimmer der Princesse Charlotte eine für die Function des Hervorgangs angestellte, wegen der Ertzherzogin Maria Anna kleinen Unpässlichkeit aber biss anhero verschobene kleine Comédie produciret, welche von dem Conte Durazzo, Abbate Metastasio und der Fürstin von Trautsohn zusammengetragen worden, und worbey höchstgenannte Frau Ihre Role in italian., die Ertzherzogin Elisabeth in deutscher, und die Frau Amalia in französcher Sprach gespillet, und nebst Selben der Ertzh. Carl, die Freylen Ulfeld und Trautsohn agiret haben.

1758.

12. September. Gienge endlichen die schon einige Zeit her in Vorschlag gewesene Laxenburger Excursion vor sich, weillen die Herrschafften wegen der vorgewesenen critischen Umstände[97]) dise Raiss im Fruhjahr. einstellen müssen ... Durazzo [folgte] wegen der französchen Comédie ...

13. September. [Laxenburg.] „Abends war um 7 Uhr täglich Spectacles, ausser Freytag und dem Quatember, so aber über anderthalb Stund niemahlen dauerte, worauf mann dann sofort soupirte. Heut wurde eine Piece von kleinen Kindern produciret: Les petits comédiens[98]) genannt, und nach selber: La feinte supposée[99]) nebst einem neuen Ballet: des vignerons.

14. September. Zur Comédie-Zeit kam die Kayserin mit den jungen Herrschafften. Es wurde der nemliche Ballet, aber eine neue Comédie: Le muet[100]) aufgeführet.

16. September. Abends wurde wegen der jungen Herrschafften die Kinder-Comédie wiederhollet, sodann: La pupille und ein neuer Ballet: de Jardiniers produciret.

17. September. Nachmittags gienge der Kayser au mail und sodann au spectacle, zu welchen die Kayserin sehr spätt zurück anlangte; heut hatten wir: L'Impertinent und Le consentement forcé avec le ballet: des Jardiniers.

18. September. Abends producirte man: Les engagemens indiscrets[101]) und Le françois à Londres mit einem neuen Ballet: L'amour au desert oder Les misantropes amoureux benahmset.

---

[97]) Wegen der Kriegsereignisse.

[98]) Von Panard.

[99]) Lustspiel in einem Act von Chicaneau.

[100]) Lustspiel in fünf Acten von Brueys und Palaprat, eine Bearbeitung des „Eunuchen" von Terenz.

[101]) Lustspiel in einem Act von de Vaux.

19. September. Abends spillte man: Les meprises [102]) mit der Opera comique: Tircis et Doristée [103]) avec son ballet.

21. September. Pour spectacle: Le prejugé vaincu [104]) et le Procureur arbitre [105]) nebst zwey Ballets: den letzteren neuen des Misantropes und die Foire Hollandaise, welche in der Statt schon verschiedene mahlen gedanset, von der Kayserin aber noch niemahlen gesehen worden ware.

22. September. Abends ware wegen des Quatember und Freytags kein Spectacle, die Herrschafften aber amusirten Sich Abends mit Anhörung eines von Petersburg neu angelangten und nach Italien durchrnisenden Russisch-Kays. Virtuosen Violoncelli nahmens: Dalloglio, welcher sodann auch mit einer goldenen Dose beschenket wurde.

24. September. [Laxenburg.] Abends producirte mann: La gageure du village [106]) und Tircis et Doristée.

3. October. Wurde Abends auf dem Schönbrunner Theatre jene neue Opera comique: Le monde renversé [107]) genannt, produciret, welche bereits zu Laxenburg aufgeführet werden sollen, alleine wegen der Mad. Bodin oder Geoffroi [108]), die noch zu neu aus dem Kindbett gekommen ware, biss anhero verschoben werden müssen; die Entrée blibe hierbey auf dem alten Fuss, und denen Bottschafftern und Bottschafterinnen wurde die kleine Loge zur Linken eingeräumet; nach der Piece wurde auch ein neuer hiezu adaptirter Ballet produciret.

16. October. Erschyne Sie [die Kaiserin] Abends im Spectacle pour participer à la joie publique [über den Sieg].

22. October. Wohnten J. J. M. M. nebst den sieben älteren Herrschafften dem wegen der Victori bey Hochkirchen gesungenen Te Deum bey St. Stephan bey und Abends ware Spectacle zu Schönbrunn nebst zwey neuen Ballets, deren ersteres: L'Enlevement d'Europe praesentirte und der zweyte ein Impromptu militaire ware über die glückliche Action; das Theatrum stellete ein mit Trophées aufgebutztes Lager vor, in dessen Fond die Statue de la victoire zu sehen ware, und die Figuranten waren à la Romaine weiss und roth angekleidet, welche

---

[102]) Lustspiel in einem Act von Pierre Rousseau.

[103]) Parodie der Oper „Acis et Galathée" des Campistron von Favart.

[104]) Lustspiel in einem Act von Marivaux.

[105]) Lustspiel in einem Act von Philippe Poisson.

[106]) Lustspiel in einem Act von Seillans.

[107]) Komische Oper in einem Act von Lesage und d'Orneval, neu eingerichtet von Anseaume.

[108]) Louise Bodin, geb. Joffroi, erste Tänzerin des Hoftheaters, doch spielte sie auch Soubrettenrollen in komischen Opern. Ihr Gatte Pierre Bodin war gleichzeitig mit ihr engagirt.

unter einer mit Trompeten und Pauken accompagnirten Musique un ballet figuré danzeten.

5. November. Giengen dieselben [Majestäten] . . . öffentlich mit zum Sonntägigen Gottes-Dienst und Abends zur Opera comique: Les amours champêtres genannt, worzu ein Virtuosen-Violinist des Printzen[109]) nahmens van Malderen die Musique in dem französchen Gusto componiret hatte.

11. November. Abends fuhre der Kayser mit ein paar Dames in die von dem Bernardon componirte neue deutsche Comédie.

5. December. Speisten wir Mittags bey Hoff, das Dienstägliche Spill aber unterblibe, weillen Spectacle ware, und ein neuer Acteur sich heut darauf produciret.

1759.

6. Jänner. Abends ware ungehindert des Samstags Spectacle im Balhaus und wurde die neue Italienische Opera buffa: il finto pazzo[110]) genannt, welche die Kayserin noch. nicht gehöret hatte, in Ihrer Gegenwart reproduciret.

8. Jänner. Wurde in unserem Theatro bey Hof die deutsche Comedie aufgeführet, weillen mann aber das Parterre noble, um dem Volck mehreren Platz einzuräumen, in etwas abkürtzen müssen, und damit die Loge der jungen Herrschafften gerad über die Köpffe der Populace hinaus gesehen hätte, (so mann nicht für decent gehalten) so befahle die Kayserin dissfahls eine Abänderung und assignirte J. J. K. K. H. H. die grosse mittere Loge privative, welche vorhin denen Hoff-Dames gewidmet ware, und placirte dise dafür in jene untere Loge, wo bishero die Herrschafften gewesen.

18. Jänner. Ware das erste Kinderfest, worbey wie im Vornjahre der Compagnie de pharaon zu tailliren erlaubt wurde: nachdeme die unserige [Compagnie], welche sich über zwey Jahre souteniret, wegen der gar zu grossen Perten endlich das Handwerck aufgeben müssen, so hatte sich aus ihren debris eine andere taliter qualiter formiret, welche zwar den Drittel des revenant bon der Theatral-cassa überlassen müssen, hingegen nicht allein auf den Hofbalen und Redouten spillen, sondern auch pour assurer son gain verschiedene neue Reglemens errichten dörffen . . .

18. März. Abends fuhren J. J. M. M. nebst denen 7 älteren Herr-schafften zu dem Printzen von Sachsen Hilperhausen, welcher in seiner

---

[109]) Karl von Lothringen, Bruders des Kaisers.
[110]) von Piccini.

Wohnung vor der Statt in dem sogenanten Rofranischen Garten [111]) heut zum ersten Mahl die Serenade vom Abbate Metastasio: Jsaaco [112]) nach Opera art auf einem theatre und mit agirenden Personnagen representiren liesse, und hierzu den Hof eigends eingeladen und der Kayserin zu dero alleinigen Disposition und Austheilung sämmtliche Einlass-billets zugeschicket hatte, welche auch von Ihr uns anderen de la suite und denen vornehmeren Ministres und Dames distribuiret worden seind. Dises Spectacle hat sowohl wegen seiner Seltsamkeit (indeme dergleichen mit denen agremens und der Action einer Opera vorgestelltes Oratorio dahier noch niemahlen gesehen worden) als wegen der gutten und noblen Art und Bedienung, welche disem Herrn in all-dergleichen Fêtes besonders eigen ist, um so mehrere Approbation gefunden, als Er selbes nachhero dem Adel und Publico zu lib verschiedene Mahl wiederhollen lassen.

28. April. Erfolgte endlich unsere Transmigration nach Schönbrunn, weillen das Wetter etwas wärmer worden. Die Kayserin fuhre sehr zeitlich Nachmittag hinaus mit dem Ertzh. Joseph, der Kayser aber kame erst nach den Spectacle zur Soupé-Zeit . . . [es] wurde vor die heurige Saison von der Kayserin das Arrangement gemacht . . Sonn- und Donnerstag sollen französische Comedien gespillet . . werden.

14. Mai. Geschahe der Aufbruch nach Laxenburg . . . die . . . Ordonanzen diesen séjour betreffend sind aus nebenliegenden kleinen Referatl zu ersehen . . .

[Aus dem Referate Khevenhüller's an die Kaiserin: Anfrage, ob „die Entrées in die französische Comedien wie sonsten (da J. J. M. M. nicht völlig all'incognito zu Laxenburg sein wollen) denen geheimen Räthen und Cammerherrn nebst ihren Gemahlinnen allergnädigst verstattet?“ Eigenhändige Erledigung der Kaiserin: „wie sonsten“. Ferner Anfrage, „was allenfahl für ein Tag vor die Bottschaffter und sonstige Fremde zu dieser Entree in die Comedie und Appartement bestimmt sein dörffte?“ Erledigung: „Ertag, die andere wie jetzt.“]

15. Mai. [Laxenburg.] Abends producirten die französchen Comoedianten, welche ihren besten Acteur Sieur Ribou vor wenig Tägen im 40. Jahr seines Alters an einer Brustkrankheit verlohren hatten. La nouvelle epreuve [113]), worauf ein neues Ballet: La Promenade genannt, erfolgete; die Ballets haben ebenfahls einen grossen Verlust

---

[111]) Palais und Garten des Marchese Rofrano (das jetzige Auersperg-Palais) war kurz vorher von dem k. Feldmarschall Josef Friedrich von Sachsen-Hildburghausen angekauft worden.

[112]) Musik von Bono.

[113]) Identisch mit: „Julie, ou l'heureuse épreuve“. s. o.

erlitten, indem unser berühmter Compositor Mr. Hilferding[114]) auf Begehren der Czaarin nach Petersburg zu gehen die Erlaubnus erhalten; nebst dem ware erst vor wenig Tägen eine der besten Dänzerinnen, die Santini, wegen übler Conduite auf specialen Befehl der Kayserin von hier weg geschaffet und von einem Sicherheits Commissario nach Venedig geführet worden.

16. Mai. [Laxenburg.] Abends wurde: Les Paisans de qualite[115]) mit dem gestrigen Ballet produciret.

17. Mai. [Laxenburg.] Abends hatten wir: La serenade mit dem vorigen Ballet.

19. Mai. [Laxenburg.] Die heutige Piece ware: L'apparence trompeuse mit einem neuen Ballet: La foire de Lion vorstellend.

20. Mai. [Laxenburg.] Das heutige Spectacle bestunde in den Billets doux[116]) und dem gestrigen Ballet.

21. Mai. [Laxenburg.] Le Spectacle étoit: La famille extravagante[117]) et le ballet d'hier.

22. Mai. [Laxenburg.] Das heutige Spectacle bestunde in zwey Comedien: Le Rival supposé[118]) und La nouvauté,[119]) mit dem Ballet: La Promenade zum Beschluss.

24. Mai. [Laxenburg.] Abends wurde produciret: Le Naufrage mit einem neuen Ballet: de Jardiniers.

27. Mai. [Laxenburg.] Der Spectacle ware gedoppelt: Zeneide[120]), und sodann die Opera comique Le Chinois poli en France[121]), mit einem neuen chinesischen Ballet.

28. Mai. [Laxenburg] Hatten wir eine neue Opera Comique: Le diable à quatre[122]) benamset, welche aber vom Conte Durazzo à l'usage de notre Theatre eingerichtet und von dem geschickten dermahligen Theatral. Capellmeister und Compositore Cavaliere Kluck mit verschiedenen neuen Arien aufgebutzet worden ware, zum Schluss folgete ein dazu adaptirter neuer Ballet vom Haussgesinde.

---

[114]) Franz Hilverding van Wewen, geb. 1710, gest. Wien 30. Mai 1768, Tänzer und Balletmeister, 1766—1767 selbstständiger Pächter des Theaters nächst dem Kärnthnerthore.

[115]) Lustspiel in einem Act von Dominique und Romagnesi.

[116]) Lustspiel in einem Act von Boissy.

[117]) Lustspiel in einem Act von Le Grand.

[118]) Lustspiel in einem Act von Saint-Foix.

[119]) Lustspiel in einem Act von Le Grand.

[120]) Lustspiel in einem Act von Cahusac.

[121]) Von Ansaume.

[122]) Von Sedaine, Musik von Philidor.

29. Mai. [Laxenburg.] Ware . . . Le mari amant de sa femme[123]) nebst dem Ballet des Jardiniers.

30. Mai. Das Spectacle bestunde in der letzten Opera comique und dem dazu gehörigen Ballet.

31. Mai. [Laxenburg.] Pour Spectacles hatten wir heut zu gutter lezt zwey Piecen: Les vendanges[124]) und die Fausse Esclave[125]), Opera comique, mit einem neuen Ballet, betitlet: L'amour vengé.

19. Juni. Der Kaiser ging al solito Abends in die Comédie, welche dise Octav hindurch und so fort biss zur Arriere Saison erst nach 7 Uhr gespillet wurde.

8. Juli. [Schönbrunn.] Wohnten J.J. M.M. dem heutigen ersten Spectacle in dem daraussigen Comédihauss bey; dissfahls wurde es auf den vornjährigen Fuss gehalten, ausser dass die Kayserin mit denen Bottschafftern die Loge vertauschete und ihnen die zu rechter Hand gelegene assigniren liesse, weil Ihr die Loge vis-à-vis bequemer zum ab- und zugehen ware, und Sie auf jener Seiten mehrere Gemächlichkeit hatte, während dem Spectacle Ihre gewöhnliche Audienzien zu geben.

12. Juli. Abends ware zu Schönbrunn wieder französche Comedie.

19. Juli. Ware Comedie.

22. Juli. Ware Abends der Sonntägige Cercle und französche Comedie, und zwar eine erste Repraesentation der Fâcheux[126]) vom Moliere.

25. Juli. Der Kayser . . . kamme Abends al solito in die Comedie; als wir eben aus selber nach Schönbrunn zuruck keren wolten, kamme die Nachricht, dass es in der Leopold-Statt brenne, worauf der Kayser so gleich über die Bell-aria längst des Chemin couvert fahren liesse, und sodann auf einer Pastei gegenüber der Feuersbrunst biss elff Uhr fast verweillete, da wir endlichen das Feuer mercklich abnehmen sahen.

13. August. [Schönbrunn.] Das Spectacle bestunde in einer ersten Repraesentation der Fille d'Aristide und einem neuen Ballet: Les amours de Flore et Zephire benahmset.

16. August. Abends nach 6 Uhr fuhren J. J. M. M. nebst den älteren Herrschafften und uns andern Schönbrunner Hof-Aemtern nacher

---

[123]) ou la Rivale d'elle même, Lustspiel in einem Act von Boissy.

[124]) „Les Vendanges de Surêne", Lustspiel in einem Act von Dancourt.

[125]) Anonym erschienen.

[126]) Lustspiel in drei Acten.

Monperou [127]) zu der Fürstin v. Trautsohn, und wohneten einer von Dames und Cavalliers repraesentirten Tragedie: Erigone [128]) benennet, bey, die Acteurs und Actrices waren folgende: Erigone: die Dochter des Fürsten v. Trautsohn, Neree: Freyle Therese Kinsky, Dochter des Grafen Leopold, Stenelus: Baron de Spangen, k. k. Cammerherr, ein Niederländer, Androclide: Fürst August Sulckowski, k. k. würkl. geh. Rath, Attale: mein Sohn Franz Anton, Millon: ein junger Starhemberg, aus der Académie, Sohn des guten Graf Emanuel; die Piece hat recht wohl réussirt, und obschon mein Sohn von Zeit seiner kindischen Jahren nicht agiret, so hat er sich dessen dennoch über meine Erwartung aquitiret.

1. October. Sahe mann die Kayserin nicht wegen des anniversarii Ihres Seel. H. Vatters Geburts-Tags, der Kayser gienge auf die Jagd, ich speisste zu Mauer in dem unteren Schloss mit dem H. Ertzbischoffe, meinem Sohn Franz Antoni und einig anderen Männern; nachmittag kamen die zwey älteren Ertzherzoginnen mit Ihren zwey Frauen Aya und Cammerfreylen, und bliben mit unss Männern bey der lateinischen Tragedie. Cyrus genannt, welche von denen daraussen in vacanzen befindlichen Clericis und Studiosis der societet [Jesu] auf Verlangen des H. Ertzbischoffes und Ihme zu Ehren letzthin zum ersten Mahl und weil die Actores, zumahlen ein junger Pater, der die Role des alten Astyagis gespillet, sich recht besonders hervorgethan, von demselben also angerühmet worden ware, dass sie die Piece heut in Gegenwart der älteren zwey Frauen und den folgenden Abend in Beysein der Ertzherzoge Joseph und Carl (Leopold ware kranck) wiederhollen müssen; dergleichen Drammata pflegen Sie sonsten nur inter se zu spillen, und werden lediglich die Primores Societatis und sogenannten Patres conscripti mit ein und anderen vertrauten Protector und gutten Freund der Jesuiten admittiret; mithin musste es denen lieben Patribus desto schwärer und unangenehmer fallen, dem H. Ertzbischoffen hierinn zu willfahren, von dessen Gewogenheit Sie Sich sonsten nicht vill zu beloben hatten.

3. October. [Schönbrunn.] Wurde wegen des Vorabend S. Francisci das französche Spectacle heraussen anticipiret und eine neue Opera comique: L'arbre enchanté [129]) benahmset, nebst einem dazu adaptirten neuen Ballet produciret.

---

[127]) Das von dem älteren Fischer von Erlach erbaute Trautson'sche Palais auf dem Glacis, das 1760 von der Kaiserin Maria Theresia erworben und der kgl. ungarischen Leibgarde zur Benützung überlassen wurde, welchem Zweck es noch heute dient; der grosse dazu gehörige Park ist jedoch vollständig verbaut.

[128]) von Lagrange-Chancel.

[129]) Musik von Gluck.

5. October. Hatte die Kayserin nach dem Rosencrantz ein kleines Impromptu und Cammerfest zu Ehren des gestrigen hohen Nahmens-Tages angestellet, so vor dem Kayser ein Geheimnuss und surprise sein sollen. Sämmtliche junge Herrschafften ausser des Ertzh. Leopolds, welcher ... annoch bettliegerig ware, producirten ein Concert: der Ertzh. Ferdinand machte die Ouverture mit der Pauken, sodann recitirte der kleinste Herr Maximilian folgenden, von dem Abbate Metastasio componirten wälschen Glückwunsch:

Padre augusto, offrirti anch'io
Oggi bramo omaggi e voti,
Mà inesperto è il labbro mio
Nè del cor seconda i moti,
Ah! sè un baccio è permesso
Sulla man del genitore,
In quel bacio appieno espresso
Farà intendersi il mio core.

Die kleinste Ertzherzogin Antonia sange im französchen Vaudeville, die übrigen alle aber Italiän. Arien; der Ertzh. Carl spillete ein Concert auf der Violine, und der älteste Herr auf dem Violoncello, und zum Schluss haben die Ertzh. Maria Anna und Maria auf dem Clavir Concerti geschlagen, und die Erstere, welche wegen Ihrer üblen Brust eine zwar schwache, aber sehr angenehme und raine Stimme hat, Sich Selbsten accompagniret. Die Entrée zu der Music, welche in der Rath-Stuben gehalten worden, wurde allen Schönbrunnern verstattet.

25. October. Gienge der Kayser auf eine grosse Schweinjagd vor den ganzen Tag, dahero auch die Comedie, welche heut als am Donnerstag sein sollen, contremandiret wurde, auch nachhero nicht mehr für heuer zu Schönbrunn gespielet worden.

1764.

24. April. [Nach der Rückkehr des Hofes von Frankfurt, wo am 3. April die Krönung Josefs zum römischen König stattgefunden hatte.] Abends in Mezzo Publico zur neuen Serenade: [Egeria] genannt, welche von dem Abbate Metastasio componiret und von dem Sr. [Hasse] in Music gesezet worden. Hierbey wurde es der Entrée halber auf den nemmlichen Fuss, wie sonsten gehalten. [Die Namen fehlen bei Khevenhüller.]

25. April. . . . . Abends wurde eine französche Tragédie Zulica [130]) zum ersten mahl aufgeführet.

---

[130]) Von Dorat, welcher das Stück für die Wiener Aufführung eigens bearbeitete (vergl. das Schreiben Favart's an Durazzo ddo. 7. Februar 1764 in „Mémoires et Correspondance littéraires de Favart" II. 195).

26. April. Wurde die Serenade für sämmtliches Volck zum zweyten und lezten mahl gratis reproduciret.

27. April. ...fuhren die Herrschafften ins Theresianum, einer zu Ehren des Römischen Königs vorgestellten deutschen Comedie beyzuwohnen.

29. April. Eine Repetition der vorigen Tragedie mit einem neuen Ballet.

30. April. ... Sporck (der jüngere, hat)...ganz neuerlich die Direction der Musique an die Stelle des Conte Durazzo überkommen, als welcher par une anecdote très particulière bon malgré [181]) austretten müssen, dafür aber durch die Protection des Herrn Hofcanzlers, mit welchen er in der grösten Intimité gestanden, die ... sonsten sehr honnorable und auch lucrative ambasciata di Venezia zur Indemnisation erhalten hat.

6. Mai. [Laxenburg]. Heut hatten wir das erste Spectacle bey unserer Ankunfft, mit dessen Ouverture es sich theils wegen der Francfurter Raiss, als wohin une partie de la chapelle mit gewesen ware, theils wegen der Abänderung mit der Direction und des Conte Durazzo biss hieher verschoben hatte; die producirte Piece ware: Le legs mit einem neuen Ballet: il soccorso inaspettato.

7. Mai. ...Spectacle... bestunde im: procureur arbitre mit dem gestrigen Ballet.

8. Mai. ... Pour spectacle eine neue Opera comique: les deux chasseurs et la laitière [182]) genannt, mit einem ebenfahls neuen Ballet:

---

[181]) Wie aus einem Briefe Josef's an Maria Theresia ddo. Heussenstamm 23. März 1764 (Arneth: Maria Theresia u. Josef II., Bd. I, 41) hervorgeht, scheint zwischen dem Rücktritte Durazzo's und dem Abgange der Tänzerin Bodin-Joffroy (vgl. unten die Stelle vom 8. Mai) ein ursächlicher Zusammenhang zu bestehen. Die eigentliche Veranlassung zu seiner Entfernung ist nicht klar, doch dürfte er mancherlei Vorwürfe verdient haben. In einem anderen Schreiben an die Kaiserin ddo. Heussenstamm, 26. März 1764 (ebend. I. 47) sagt Josef von ihm und seiner Frau: „Votre Majesté fait bien d'éloigner ces deux personnes pourtant dangereuses et qui ont fait assez de confusions." Die Finanzwirthschaft Durazzo's übrigens war schon um den Beginn des Jahres 1763 verdächtig geworden, und Goutier, Bücher- und Theatral-Censor und Redacteur der „Gazette Impériale de Vienne" hatte den Auftrag erhalten, seine Rechnungen zu prüfen. Die Durchsicht scheint Gravirendes für Durazzo ergeben zu haben. (Favart: Mém. II. 267.) Auch in seinen Beziehungen zu Favart zeigt er sich in sehr unschönem Lichte. Er nahm nicht nur seine Dienste in der unbescheidensten Weise in Anspruch, ohne sie zu entlohnen, sondern er masste sich sogar die Antorschaft eines Ballettes an, das dieser aus Anlass der Vermählung Josef's mit Isabella von Parma verfasst hatte, und liess das Manuscript eines anderen, bei der gleichen Gelegenheit übersandten Werkes ohne Weiters verschwinden. (Ebend. II. 281.)

[182]) von Anseaume, Musik von Duni.

Diana sorpresa, worbey sich die erst von Turin angekommene Sa.
Steffani, eine sehr junge und hübsche Danzerin, zum ersten mahl sehen
liesse, hingegen hatten wir unsere beste Danseuse: la Bodin ou
Geoffroi, verlohren, welche kurtz vor dem Austritt des Conte Durazzo
par disgusto das Theatre quitiret hat.

9. Mai. ... Im Theatre ... die Tragédie de l'Orphelin de la
Chine, [133]) worbey sich eine neue Actrice nahmens Mdlle. Rosalie [134])
ziemlich gutt produciret, mit einem neuen Ballet les sauvages à Londres.

10. Mai. ...Das spectacle ware: la metromanie, worbey sich ein
neuer Acteur in dem Role des sr. Francaleu Nahmens: Laribardiere [134a])
produciret, welcher zwar ein besserer Auteur sein solle, der Ballet
ware der nemmliche wie gestern."

14. Mai. ... Eine kleine Tragedie: Melezinde [135]) genannt, mit
einem neuen Ballet: les amusements des bergers.

15. Mai. ... Heute wurde der: amant auteur et valet mit dem
gestrigen Ballet aufgeführet.

16. Mai. ...La fausse prévention, [136]) et les sauvages zum Ballet.

17. Mai. ... Das heutige Spectacle bestunde in der Opera comique: L'Egiptienne [137]) und dem Ballet du sophi dupé.

19. Mai. ... Eine neue Opera buffa [von Goldoni], welche
hiesse la buona figliuóla colla musica del signore Piccini; und worbey sich verschiedene gar nicht üble virtuosi, in specie le signorine
Guadagni, Schwestern des hier befindlichen Castraten, und Ristorini,
sodann i sig. Ristorini, Lovatini, Caratoli [hiezu Bemerkung: „wurde
nach der Hand wieder auf Wienn beruffen und starbe allda 1772 im
67. Jahre an der Brust"], [138]) und Zanca befanden, deren Vorlezterer

---

[133]) Von Voltaire. Die Uebersetzung von Ludwig Korn, „Der Weise in China".
abgedruckt in Bd. V. der „Neuen Sammlung von Schauspielen", wurde 1763 zum
1. Male aufgeführt.

[134]) Vgl. Favart's Urtheil über ihre Fähigkeiten in Favart: Memoires et correspondance I. 48.

[134a]) Laribardière war nicht nur als Schauspieler, sondern auch als Theater-
dichter engagirt und hatte als solcher die Aufgabe, die für die Laxenburger Vorstellungen
zu lang erscheinenden 5 actigen Stücke in 3 actige umzuarbeiten und jene Veränderungen
im Texte vorzunehmen, die bei dem sittenstrengeren Wiener Publicum nöthig erschienen (Vgl. Favart: Mém. et corr. II. 135, 142 u. ff.)

[135]) „Comédie héroique" in drei Acten von Lebeau de Schosne.]

[136]) Lustspiel in drei Acten von Voisenon.

[137]) Von Favart.

[138]) Das Todtenprotokoll des städt. Archivs verzeichnet am 22. März 1772:
„Coratoll Franz, wellischer Operist, ist im Hoftaschnerhaus am Neuen Markt am
Schlagfluss beschaut worden, alt 67 Jahr, Abends um 6 Uhr." Das Wiener Diarium
dagegen führt ihn in der Liste der am 23. März Verstorbenen an.

insonderheit einer der besten Buffi ist, welche ich noch gehöret; weil die Piece ohnedeme in etwas lang, so wurde der Ballet ausgelassen.

20. Mai. ... Pour spectacle: le depit amoureux mit dem sophi dupé.

21. Mai. ... Das Spectacle ware: Le magazin des modernes [139]) mit dem Ballet: les amusemens des bergers.

22. Mai. ...Heut wurde aufgeführt: Dupuys et Ronay, [140]) und der Ballet di Diana sorpresa.

23. Mai. ...Pour spectacle: Alzire [141]) und der Ballet: Les amusements des bergers.

24. Mai. ... Zur Abendzeit...eine Repetition der lezten Opera buffa.

26. Mai. ... das Spectacle ware Le caprice ou l'epreuve dangereuse [142]) nebst dem Ballet: Il soccorso.

27. Mai. ... die Comédie hiesse: Le retour imprévu, [143]) mit dem Ballet di Diana.

28. Mai. ... die Opera comique: Le Cadi dupé [144]) und der Ballet: Les amusements des bergers.

29. Mai. ... Crispin rival, mit dem Ballet: des sauvages.

31. Mai. ... Abends L'épreuve de la probité [145]) mit Ballet: Du sophi dupé ...

1. Juni. ... der Kayser ... amusirte sich ... mit Anhörung der Generalprob von der neuen Opera.

2. Juni. ... neue Opera: Alcide negli Esperidi benammset, worzu die Worte von Signore Coltelini und die Musique vom Signore Mago [richtig: Majo], Neapolitaner, componiret worden und eben nicht am besten gerathen hatte. Uebrigens ware alles in Gala wegen des biss heut verschobenen Nahmen- und Geburtsfests des Erzh. Ferdinands ...

3. Juni. ... die gestrige Opera wiederhollet.

---

[139]) Komische Oper in einem Act von Panard.

[140]) „Dupuis et Desronais", Lustspiel in drei Acten von Collé.

[141]) Von Voltaire. Eine Uebersetzung von Luise Gottsched wurde 1751 aufgeführt (abgedruckt in der „Deutschen Schaubühne zu Wien", Bd. I), eine andere von Stüven 10. September 1768 („Neue Sammlung von Schauspielen", Bd. IX.), eine dritte von Gotter (als Einzeldruck erschienen) 9. Aug. 1783.

[142]) Lustspiel in drei Acten von Renout.

[143]) Lustspiel in einem Act von Regnard. Deutsch unter dem Titel: „Die unerwartete Wiederkunft" 5. Oct. 1766 zum 1. Mal aufgeführt.

[144]) Komische Oper von Lemonnier, Musik von Monsigny. Gluck hatte einige Einlagen hiezu componirt, setzte aber später eine Uebersetzung von André ganz in Musik.

[145]) Lustspiel von Bastide.

4. Juni. ... die Jeune grecque [146]) und ... Sophi dupé.

5. Juni. ... L'irrésolu [147]) und, weil die Piece ohnedeme sehr lang, kein Ballet zum Schluss.

6. Juni. ... eine neue Opera buffa il Dottore [148]) und einen ebenfahls neuen Ballet: Les amours de Mars et Venus.

7. Juni. ... La jalouse détrompée avec le ballet del soccorso.

4. Juli. [Pressburg.] Die Kayserin hatte die Opera buffa von Wienn kommen lassen, welche dann abwechslungsweis mit der deutschen Comedie, die wenige Täge darauf unter der Direction des bekannten Bernardon als Impressario ebenfahls zu spillen angefangen hat, repraesentiret wurde.

7. August. Speisten die Herrschafften en tres petite Compagnie bey dem Cavaliere Montecucoli in seinem erst jüngsthin von dem Conte Durazzo erkaufften Garten auf der Landstrassen; die Ursach diser Gnad ware, das dieselbe so villes von der galant- und hertzigen Zu- und Einrichtung dises Gartens vernohmen, mithin die besondere curiosité hatten, den selben zu sehen. [149])

1765.

19. Jänner. „Abends kamme die Kayserin nacher Schönbrunn, um der Generalprob der kleinen Operette [Il parnasso confuso] beyzuwohnen."

24. Jänner. [Schönbrunn.] Abends wurde das erste Fest aus Anlass der Vermählung Josefs in einer kleinen Operette bestehend aufgeführt, unter dem Titl: Il parnasso confuso, [150]) worzu der Abbate Metastasio le parole und der Cavaliere Gluck la musica componiret; das Theatrum wurde eigens in der grossen Anticamera oder dem so genannten Salon des batailles aufgerichtet, und weil der Platz für die Spectateurs sehr klein gewesen, so ware auch die Kayserin mit der

---

[146]) Lustspiel in drei Acten von Voisenon, in der Uebersetzung von Steigentosch zum ersten Mal 21. November 1772 aufgeführt.

[147]) Lustspiel in fünf Acten von Destouches. Eine Uebersetzung, enthalten im neunten Band der „Neuen Sammlung von Schauspielen," wurde 1767 aufgeführt, eine andere von Anton Vital Mayrhofer 12. Juni 1773; die letztere ist im „Neuen Wiener Theater" 2. Theil abgedruckt.

[148]) Pohl führt in seinem Werke: „Josef Haydn" I., 388, eine Oper von Fischretti: „Il mercato di Malmantile", als im Juli 1761 aufgeführt, an, in welcher einem Charlatan die Hauptrolle zufällt; vielleicht ist diese mit dem „Dottore" identisch.

[149]) Den Rest des Sommers nahm eine Reise des Kaiserpaares nach Ungarn in Anspruch.

[150]) In Trianon befinden sich 2 Gemälde, von denen das eine die hier erwähnte Aufführung des „Parnasso confuso," das andere das darin vorkommende Ballet darstellt. Vgl. Adolphe Jullien: „La Comédie à la cour, Paris s. a." S. 254; daselbst auch eine Reproduction des einen der Bilder.

Entrée sehr gesparsamm: mann hielte sich dissfahls an keine eigentliche Classe, sondern ich formirte immer eine besondere Liste und
liesse durch die Thürhüter die Invitations-Zetteln herumschicken;
denen Uniformes sogar musste ich insinuiren, das sie zu den nemmlichen Spectacle insonderheit den heutigen nicht zweymahl kommen
mögten, damit desto mehrere Persohnen von diser Gnad profitiren
könten. Es ware auch dises in der That und sans flatterie eines der
sehenswürdigsten, so vielleicht noch an einem Hoff aufgeführet worden,
indeme es nicht allein lediglich aus denen vier Ertzherzoginnen Elisabeth, Amalia, Josepha und Charlotte bestanden, die zwey jüngsten
Herrn und Frauen dabey gedanzet, und der Ertzh. Leopold das In-
strument geschlagen und respective den Orchestre dirigiret, sondern
auch sämmtlich dise hohe Personnages Sich sowohl im Singen wegen
natürlicher Schönheit der Stimme und der Methode als im Agiren und
Danzen (als in welch lezteren der Ertzh. Ferdinand, qui est fait au
tour, recht verwunderlich pariret) ultra expectationem und zu allge-
mainer Verwunderung hervorgethan haben. Nach den Spectacle ware
heut und folgende mahl immer Cercle in der Gallerie.

25. Jänner. ... Abends pour la seconde fête eine von unseren
Virtuosi di theatro aufgeführte Serenade, Il trioufo d'amore genannt; diese Piece ist eine alte pour l'époque du jour in etwas auf-
gebuzte Composition des Abbate Metastasio, als welchem die Zeit zu
kurtz geworden, zwey neue Dramma zu verfertigen, die Music dazu
ware von dem Signore Geisman [richtig: Gassmann].

26. Jänner. Wurde von einer Compagnie de Dames et Cavalliers
bestehend in beyden Comtessen Clari, General Jacquemin, Baron
Reischach, Los rios, und dem jungen Graffen Turn, Sohn des Viceayo,
und Windischgratz, Enckel des seel. Stattbalters, pour premiere piece:
La fille d'Aristide und für die petite piece: La jeune Indienne [141])
gespillet.

27. Jänner. Wurde ... Abends die Operette der jungen Herrschafften repetiret; während welcher meinem Neveu Hannss Carl,
welcher ganz nahe bey den Herrschafften an den Orchestre gestanden,
von der grossen Hitz also übel worden, das mann ihn ohne Connois-
sance über das Theatre (weil mann wegen der Enge und grossen Ge-
drengs nicht wohl durch den Parterre können) ziehen und in ein be-
nachbartes Zimmer tragen müssen, wo ... er ... nach kurtzer Zeit
wieder ... zu recht gebracht worden ...

---

30. Jänner. ... Abends gienge mann in mezzo publico zur neuen Opera: Telemaco genant, della composizione del Signore Coltellini colla musica del Signore Gluck ohne neuen Ballet, so die Spectateurs nicht wenig choquiret hat ...

31. Jänner. ... Abends au theatre, wo die Tragedie vom Racine Bajazeth mit einem neuen, aus jenen der Semiramis entlihenen und vom Signore Angiolino componirten Ballet produciret wurde, der aber gar keine Approbation gefunden, auch in der That für ein Hochzeitfest gar zu pathetisch und traurig gewesen ...

1. Februar. Gienge der Kayser ... au theatre françois, wo heute Freitags die Serenade, aber nicht gratis repetiret wurde.

2. Februar. ... Abends wurde auf dem Hof-Theatre eine deutsche Comédie und zum Schluss ein neuer Ballet produciret, welchen Mr. Hilferling, der vor kurtzen die Russische Dienste quitiret und wieder in die unserige getretten ist, componiret; on le nomma: Les amans protégés par l'amour, und hatte einen so allgemainen Applauso, das zu End des Spectacle das Handklatschen fast nicht mehr aufhören wollen.

6. Februar. Graf Philipp von Ursin und Rosenberg ... ware lezthin [von dem Gesandtschaftsposten in Venedig] durch den Conte Durazzo abgelöset worden, welchen eine ganz besondere Anecdote, die der Feder nicht wohl kann anvertrauet werden, dazu befördert ....

9. Februar. ... Abends liesse die Kayserin die Operette der jungen Herrschafften auf einen eigends aufgerichteten kleinen Theatre für ein und andere Invalida, das ist: eraltete Dames und Cavalliers, welche der Kälte halber sich nicht [nach] Schönbrunn getrauet hatten, wiederhollen.

10. Februar. Wurde ... Abends bey der Frau Obristhofmeisterin Gräfin Paar die Dames und Cavalliers-Comédie zum letzten Mahl repetiret.

11. Februar. ... Auf den Theatre près de la cour wurde eine neue Opera buffa gespillet, I stravaganti genannt, worzu Signore Scarlatti die Music gemacht hatte ...

15. Februar. ... Ware ich bey einer französchen Comédie, welche bey den jungen Grafen Traun, des v. Pisamberg ältesten Sohn, von ihme und einer kleinen Bande von Dames und Cavalliers in dessen Wohnung gespillet worden; dergleichen petits spectacles wurden nun Mode, und hatte auch des Cammerer Grafen Zierotin Tochter, dont la figure fait beaucoup de bruit, bey einer anderen Compagnie sich ungemain distinguiret.

19. Februar. Der Kayser [hat] nicht erwarten können, zum heutigen lezten Spectale und Bal in den Redouten-Saal, wo er natür-

licher Weis mehrere Amusemens [als bei einem kleinen, am Hofe statt-
findenden Ball] vorgefunden, fortzueylen.

20. Februar. ... Die Concerts auf dem Theatre fiengen erst
die künfftige Wochen an und wurde darmit al solito die Sonn-, Dienst-
und Donnerstäge continuiret ...

4. Mai. [Laxenburg.] Abends die erste französche Comédie; pour
première pièce: La nouvelle surprise de l'amour [152]) et pour petite: le
tuteur dupé; [153]) jedoch ohne Ballete noch.

5. Mai. ... Das Spectacle .... bestunde in einer neuen Piece:
L'ecqeil du sage [154]) benannt, und desgleichen Ballet, nommé: Le retour
du printemps, de la composition du Sieur Hilferding.

6. Mai. ... Zu dem Comédiehaus gefahren, allwo heut: Merope [155])
nebst einen zweyten neuen, ebenfahls von Hilferding componirten Ballet
nahmens: Le triomphe de la constance, welcher aber weniger als der
gestrige gefallen hat, aufgeführet wurde.

7. Mai. ... Pour spectacle hatten wir: Le jeune Indienne, welche
aber nicht wohl reussiren können, weil diese nemmliche Piece von
Dames und Cavalliers zu Schönbrunn letzthin gespillet, mithin auch
mit mehrerem Agrement angesehen worden ware; anbey wurde der Ballet:
Le retour du printemps repetiret.

8. Mai. Abends wurde die Opera buffa mit dem Ballet: Le
triomphe etc. produciret.

9. Mai. Das Spectacle bestunde im Procureur arbitre und Ballet:
Retour du printemps.

13. Mai. ... Abends ... incognito in die Opera: L'Olym
piade, [156]) worzu von dem Signore [Gassmann] eine fast ganz neue Music
nebst ebenmässig neuen der piece einverleibten Ballets componiret, und
auch sonsten in dem Libretto verschiedene Scenen ausgelassen, oder doch
um ein Villes abgekürtzet worden.

14. Mai. ... Abends pour l'heure du spectacle kammen die
Herrschafften et tout le reste de la compagnie zuruck nacher Laxenburg, wo mann uns: La manie des arts [157]) et le ballet du printemps
produciret.

---

[152]) „La Surprise de l'Amour", Lustspiel in drei Acten von Marivaux, welcher
zwei Stücke desselben Titels geschrieben hat.

[153]) „La Maison à deux portes, ou le Tuteur dupé", Lustspiel in fünf Acten
von Cailhava.

[154]) Lustspiel in fünf Acten von Voltaire.

[155]) Von Voltaire; eine Uebersetzung von Gotter wurde 17. April 1775 aufgeführt.

[156]) Der Text von Metastasio; er war schon 1738 mit der Musik von Caldara
und 1749 mit jener von Wagenseil aufgeführt worden.

[157]) „La Manie des Arts, ou la matinée à la mode", Lustspiel in einem Act
von Rochon de Chabannes.

16. Mai. Heute hatten wir eine neue Piece: L'amateur, [158]) und dergleichen Ballet: L'amour vengé.

18. Mai. ... [verfügte] Sich [die Kaiserin] Nachmittag in das Theresianum, allwo eine neue Tragedie: Julius, der Martyrer, in deutscher Sprache aufgeführet wurde und [kehrte] Abends zum Spectacle zurück. so wieder neu ware, nahmens: Les trois sultanes, [159]) jedoch ohne Ballet, indeme es etwas lang gedauert ...

19. Mai. ... Pour spectacle eine neue [160]) Piece: La manie des arts, mit einem von dem Signore Angiolini heut ebenfahls zum ersten mahl producirten seriosen Ballet, so aus der Tragedie der Iphigenie genohmen und in sich doch besser ware, als jener der Semiramis.

20. Mai. Das heutige Spectacle in einer neuen Piece: La soirée à la mode [161]) und einer der vorigen Ballets.

21. Mai. Pour le spectacle eine neue Tragedie Zulima, [162]) mit dem alten Ballet: d'Alexandre et Roxane.

22. Mai. Au spectacle, so in der Repetition der Trois sultanes und eines der bereits producirten Ballete bestanden.

23. Mai. Das Spectacle ware: La gouvernante und ein neuer Ballet: La misantropie imaginaire ou le philosophe de campagne, componiret vom Sr. Hilferding. [Letzte Vorstellung in Laxenburg.]

29. Mai. [Laxenburg]. Die Kayserin hatte für disen lezteren Sejour, der ohnedem sehr kurtz und noch dazu mit denen Quatembertagen, an welchen Sie bey Hof kein Spectacle erlaubet, interrumpiret ware, die Depense nicht machen wollen, so ville Acteurs und Danzer zu Laxenburg zu unterhalten, mithin bliben wir immer von disem Amusement beraubet.

1766.

31. März. [163]) Abends wurde zum ersten Mahl von den deutschen Comoedianten in dem Theatre bey dem Kärnthnerthor wieder gespillet, und ein Extra-Prologue pour l'ouverture von dem bekannten Acteur Herrn Weiskern hierzu componiret; das andere Theatre nächst der

---

[158]) Lustspiel in einem Act von Barthe.

[159]) „Soliman II, ou les trois sultanes“, Lustspiel in drei Acten von Favart; eine Uebersetzung von Starke wurde 29. September 1770 aufgeführt.

[160]) Im Widerspruche mit der citirten Stelle vom 14. Mai.

[161]) „Le Cercle, ou la Soirée à la mode“, Lustspiel in einem Act von Poinsinet.

[162]) Von Voltaire.

[163]) In die Zwischenzeit fällt die Reise des Kaiserpaares zur Vermählung des Erzherzogs Leopold mit der Prinzessin Maria Ludovica von Spanien nach Innsbruck und der daselbst erfolgte Tod des Kaisers Franz (18. August 1765), worauf die Theater geschlossen wurden.

Burg blibe annoch verschlossen, mithin bestunde das Spectacle, dessen Entreprise dem ebenfahls von vorigen Zeiten her bekannten und vor Kurtzem erst aus denen Russischen Diensten entlassenen Compositor der Balleten Mr. Hilverding übergeben worden, weil der Hof sich nicht mehr damit beladen, vill weniger die vorhinige grosse Spesen dazu anwenden wollen, zumahlen der beträchtliche Theil des dazu bishero gewiedmeten Fundi durch die Erneuerung des alten Verbotts aller Hazardspillen hinweggefallen war.

21. April. Abends wurde eine deutsche neue Tragoedie, genannt Aurelius, die von einem Officier [164]) des vorhin Harsch- anjezo Poniatoffski-Regiments in Versen componiret worden, und zwar mit all- billigem Applause produciret, ich wohnte selber nicht bey . . .

4. Mai. Auf Mittag kamme der Kayser [Josef II.] zu uns von Laxenburg [nach Trautmansdorff], und sahe allen heutigen Festen zu, als . . . einer kleinen in den Fasangarten sur un theatre de verdure producirten opera rustique . . .

5. Mai. Fuhre der Kayser nach Trautmansdorff und kamme noch zeitlich genug allda an, um der heutigen von Hausofficieren aufgeführten französchen Comedie beyzuwohnen . . .

26. Mai. [Laxenburg] Sahe mann die auf den lezten Marckt producirte Marionettes, zu welchem Ende ein kleines Theatre in einem deren Zimmer des unteren Gartenhauses zugerichtet wurde.

25. October. Wurde im Comoedihauss eine neue Opera buffa vom Signore Goldoni: i viaggiatori ridicoli aufgeführet, worzu ein Hiesiger Nahmens Gasman [hiezu Amerkg.: „selber wurde nach dem Tod des Reutter 1772 Capellmeister"] die Music componiret, die ville Approbation gefunden; hierbey distinguirte sich ein neuer Tenorist: il Signore Pinetti und die Signora Clementina Baglioni.

11. November. Abends wurde das Theatre nächst der Burg zum ersten Mahl wieder eröffnet und die Opera buffa: i viaggiatori auf selben vorgestellet.

1767.

11. Jänner. Abends producirte sich zum ersten Mahl auf den Theatre nächst der Burg der berühmte Danzer Vestri,[166]) ein gebohrner Italianer, und welcher ehedessen zu des Selliers Zeiten [166]) nebst seinen Eltern und Geschwistrigt dahier gewesen und als ein Knab auf den

---

[164]) Cornelius von Ayrenhoff.

[166]) Gaëtano Apolline Vestri, gewöhnlich Vestris genannt, berühmter Tänzer der grossen Oper zu Paris und Balletdichter.

[166]) Josef Karl Selliers leitete das Theater im Ballhause (Hofburgtheater) 1741 bis 1748 und war zugleich Pächter des städt. Theaters beim Kärntnerthore bis 1751.

nemmlichen Theatre gedanzet, nachhero als premier danseur à l'opera
de Paris sich eine besondere Reputation in diser seiner Kunst erworben;
er ware für disen Carnaval zu Stuggard engagiret; nachdeme aber der
Herzog v. Würtemberg wegen seiner bekannten Irrungen mit Seinen
Landständen für gutt befunden eine grosse Reforme in seiner Hofstatt
zu machen, und für Seine Persohn Sich auf eine Zeit lang nacher
Venedig zu verfügen, so suchte Mr. Vestri, um nicht müssig zu bleiben,
die Gelegenheit, dahier oder zu Warschau seine Kunst zeigen zu können,
und da ihme der Fürst v. Kaunitz sogleich seiner Protection gewürdiget,
so gabe er unserem Theatre die Préference, zumahlen durch die bons
offices und den villen pouvoir erstbesagten ministre eine Collecte für
ihn gemacht und selben andurch ein vorläuffiger Fond von 600 Ducaten
versichert worden, welcher nachhero durch die Liberalitet der Kayserin
und die Beysteuer von der Theatraldirection um ein Merkliches gestigen
ist ... [es wird] ex novo instituto angefangen, auf den Theatre beym
Kärnthnerthor ebenfahls die Wochen zwey Mahlen Redoute zu geben,
zu welchen aber alle honnete Leuth, die Livree allein ausgenohmen, auch
die Leiblaquay, jedoch in ihren eigenen Kleidungen kommen darfften;
da mann aber zugleich erlaubet, das die Proprietaires der Logien und
Alle, welche die stipulirte Entree zahlen wolten, aus denen unabonirten
Logien und der Galerie in der dritten Reihe zuschauen könten, so
fanden sich wenige Leuthe ein, das mann sich gezwungen gesehen,
verschiedene Freyzetteln auszutheilen, um den Parterre, allwo gedanzet
wurde, gleichwollen in etwas anzufüllen, wie dann einmahl würcklich
geschehen, das nicht so ville Acteurs da gewesen, um den Bal zu
eröffnen, und mithin die Depense zu der Music und Beleuchtung in
der That vollständig umsonst gemacht worden.

    24. Jänner. Wurde in beyden Theatres wegen der Niederkunft
[der Gemahlin Leopold's, Maria Ludovica] das Spectacle dem Volk gratis
gegeben, jedoch mit Vorbehalt der abonnirten Logen, welche nach alten
Brauch denen Innhabern nicht wohl weggenohmen werden kunten.

    23. Februar. Kamme [der Kaiser] nebst Seiner Frauen Mutter
zurück [von Pressburg] und brachte die Erzherzogin Maria und den
Herzog mit, damit Sie den neuen Ballet, so Mr. Vestri componiret,
sehen möchten; diser representirte l'histoire de Medée en pantomime
nach heutiger Art und wurde sehr gutt exequiret.

    26. Februar. Wurde auf den Theatre beym Kärnthner Thor eine
neue von einem sichern Herrn Glem [richtig: Klemm; hiezu Anmerkung
„er wurde einige Zeit hernach, nachdeme er sich zu unserem Glauben
bekeret, bey mir Secretari"] verfertigte Comedie: die Apologie des
grünen Huts benannt, aufgeführet, welche in der That zur Verthätigung

des Prehauser und dessen comischen Caractere als Hannsswurst componiret worden, nachdeme der Professor v. Sonnenfels in seinen wochentlich herausgebenden Blätteln dise alt-deutsche Personnage sowohl, als überhaubt unsere hiesige deutsche Schaubühne immer critisiret und zwar mit guter Absicht, aber auf eine gar zu sehr übertribene Art attaquiret hatte.

26. April. Abends wurde das Theatre bey Hof mit einer neuen Opera buffa eröffnet, welche l'amore artigiano [157]) benammset und von unserem hiesigen Gasman componiret und mit villen Applauso angehöret worden ist.

2. Mai. Wurde beym Kärnthner Thor eine neue von Herrn Heufeld dahier componirte Comedie: der Bauer aus dem Gebürg genannt aufgeführet, und hiervon die ganze heutige Einnahm unserem Hanswurst [Prehauser] pour benefice und zu Bezahlung seiner Schulden geschenket, dahero auch ein gewaltiger Zulauff gewesen, und da er zum Schluss der Piece seine Dancksagung gemacht, bezeigte Alles seine Freud mit wiederholltem Handklatschen.

15. Juni. ... wurde ... in dem Theatro beym Kärnthner Thor zum ersten Mahl wieder gespillet, darmit auch von nun an weiters continuiret; jenes bey der Burg kunte von darumen noch nicht eröffnet werden, weil mann darinnen für die bevorstehende spectacles à l'occasion du mariage prochain de la future Reine de Naples [Erzh. Maria Josefa] arbeiten muste.

20. Juni. [Aus Anlass der Genesung der Kaiserin Maria Theresia veranstalteten verschiedene Corporationen feierliche Dank-Gottesdienste]: ... ja sogar die Trouppe der Comoedianten und verschiedene Fremde, als Irrländer, Niederländer, sodann auch einige der Handwercks-Zunfften haben das Nemmliche gethan ...

9. September als den zweyten Gala Tag [aus Anlass der Vermählung der Erzh. Maria Josefa] ... wurde auf dem Theatre nächst der Burg eine neue von dem Abbate Metastasio componirte Opera: Partenope genannt, worzu der alte berühmte Sächs. Capellmeister Sr. Hasse die Music verfertiget, in Gegenwart sämmtlichen Hofes ausser der Kayserin, welche zwar Sich entschlossen, pour obliger le public, der offentlichen Taffel, aber sonsten keinen Spectacle beyzuwohnen, und zwar in so weit sur l'ancien pied aufgeführet: das die Herrschafft in die Loge gieng, mithin denen Bottschafftern und Gesanten wie auch denen Distinguirtesten des Hofes dergleichen angewiesen, und der Parterre für das appartements-mässige Personale aufbehalten wurde, allein um doch wieder was zu innoviren, muste generalement allen geheimmen Räthen,

---

[157]) Text von Goldoni.

und Kammerern angesaget werden, wo vor disem bey solchen Occasionen, wann der Hof nur in mezzo publico gegangen, lediglich die Hofämter und einige Dienst-Cämerer zum Leuchten mit begleitet hatten.

10. **September** wurde der dritte und lezte Gala Tag ... abends mit einer deutschen Comedie ebenfahls im Balhaus oder den Theatre nächst der Burg und einem neuen Machine- und Pantomimen-Ballet: L'apotheose d'Hercule genannt, de la composition du fameux sieur Noverre de Hougard begangen, worbey gleich wie auch gestern sich Mr. Vestri, der eigends mit königlicher Erlaubnus zu gegenwärtiger Epoque von Paris zurückgekommen, avec grand applaudissement produciret, übrigens aber der Hof ebenfahls wie gestern avec grand cortege erschienen, und wegen des Entrée alles auf den nemmlichen Fuss verbliben ist. Was aber sonsten die beyde heut und gestern aufgeführte Spectacles betrifft, so haben selbe ausser der Ballets um so weniger Approbation gefunden, als die deutsche Comédie ein sehr schlecht gerathen und übl ausgedachter Extract aus dem Englischen Roman: Tom Jon[168]), und die Opera sowohl per il libretto, als per la musica eine ebenfahls sehr schwach und froide Composition, und weder dem Metastasio der erst unlängst für seine per la riconvalescenza dell' augustissima heraus gegebene so betitlete: felicità publica mit einer tabatiere garnie de brillans avec le portrait de l'Imperatrice regaliret worden, weder dem Sr. Hasse ähnlich gewesen, indeme sich diser leztere villfältig zumahlen aus seinen Alcide repetiret, der erstere aber sein Thema nicht ausgeführet und selbes meistens mit abgeschmackten und recht insipiden Liebs-Scenen angefüllet hat; zu dessen Entschuldigung er zwar vorgewendet, das mann ihn allenthalben zu sehr geniret und eingeschränket hätte, so bey denen bekanten dermahligen Umständen auch sehr wahrscheinlich ist.

12. **September** wurde auf den Schönbrunner Theatre, welches die Kayserin seithero mit nicht geringen und, wie man sagen wollen, gegen die 40000 fl. sich beloffenen Unkosten renoviren lassen, eine neue Opera buffa, il marchese Villano[169]) genannt, und zum Schlus ein ebenfahls neu componirter pantomimischer Ballet: Armida betitlt, produciret; der Hof gienge offentlich dahin, die Bottschaffter hatten die zwey kleinen Loges nächst den Proscenio, und die Entrée ware im übrigen, wie vor disem. Auf dem Theatre bey dem Kärnthner Thor wurde heut abermahls gratis gespillet.

---

[168]) „Tom Jones", Lustspiel in fünf Acten nach Fielding's gleichnamigen Roman von Heufeld.

[169]) Von Balth. Galuppi.

13. September. Abends wurde die Opera au theatre pres de la cour gratis repetiret.

27. September ... gienge der Kayser und die Herrschafften en cortege au theatre, wo eine deutsche Comédie gespillet wurde.

5. October ... da ... bereits alles veranstaltet ware, um disen Abend auf dem Theatre nächst der Burg die zweyte à l'occasion des fiançailles [des Königs von Neapel mit der Erzherzogin Maria Josefa] von dem Signor Coltellini per la poesia, und Herrn Gasmann per la musica componirte Opera: Psyche zu produciren, so verfügte Sich zwar der Kayser mit den Herrschaften dazu hinein in die Statt, und blibe die Entrée halber alles wie leżthin, jedoch wurde das accompagnement abgestellet [aus Anlass der Erkrankung der Erzherzogin-Braut Josefa]; die heutige Music fande mehr Approbation als jene der ersten Opera, allein das sujet und zumahlen die histoire lugubre d'Orphee et Eurydice, welche in dem heutigen sonsten sehr wohl gerathenen Ballet vorgestellet worden, schyne jedermänniglich zu traurig für gegenwärtige Epoque, und als mann nach der Hand die gefährliche Kranckheit der Braut[170]) vernommen, so wolte diser wunderliche choix zwey so trauriger Fabeln fast für ein böses Omen angesehen werden in Errinnerung folgenden curiosen Umstands: das eben in der Zeit, da die Infantin, erstere Gemahlin des Kaysers, die Blattern überkommen und daran Ihr junges so theueres Leben lassen müssen, mann das nemmliche betrübte soggietto d'Orpheo et Eurydice per una festa theatrale auserwählet und zu verschiedenen Mahlen repraesentiret hatte.

7. November (wurde) das Theatre nächst der Burg mit einer Opera buffa eröffnet.

26. December ... wurden die Spectacles gewöhnlichermassen wiederum eröffnet, und auf dem Theatre bey Hof eine neue Opera: Alceste genannt, von der Composition des Cavaliere Gluck produciret, worzu der Signor Calsabigi das Libretto gemacht, so über die Massen abermahls pathetique und lugubre ausgefallen; par bonheur ware zum Schluss ein Ballet de Mr. de Noverre dans le gout grotesque, der einen ungemainen Applauso gefunden hat.

---

[170]) Die Erzherzogin starb am 15. October an den Blattern.

— ᴧᴧᴧ —